한 장으로 완성! 가장 실사에 가까운 종이전투기

밀리터리 종이접기 전투기 편

이파 지음

예문

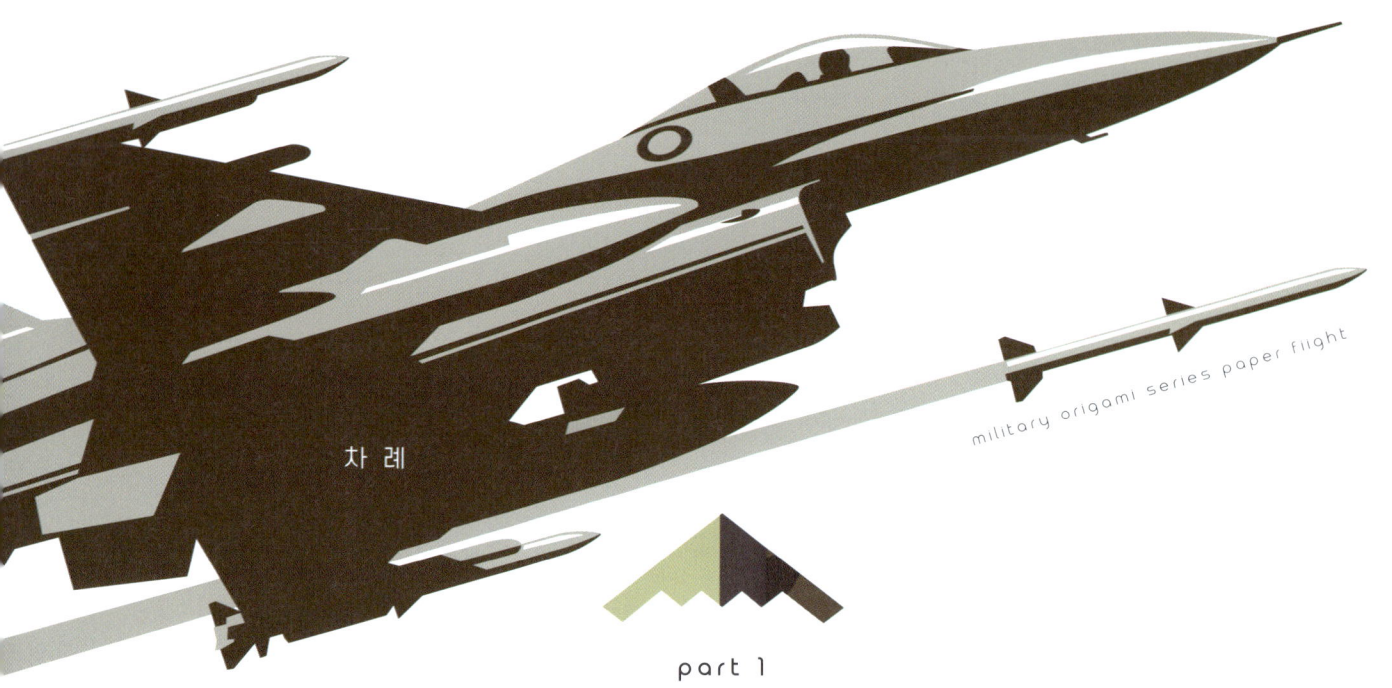

military origami series paper flight

차 례

part 1

전투기의 종류와 종이접기 테크닉

part 2

밀리터리 종이비행기 도안

FIGHTER

전투기의 종류와 **종이접기 테크닉**

part 1

types of military fighters and how to fold

T-50
골든이글 Golden Eagle

military origami series paper flight

제작사	KAI(대한민국)
형식	고등 훈련기
제원	전폭 : 9.45m 전장 : 13.14m
	최대이륙중량 : 11.98ton
	최고 속도 : 마하 1.5
가격	2,500만 달러
운영 국가	대한민국, 인도네시아, 필리핀, 태국

 **전투기 알아보기**

대한민국에서 개발한 초음속 고등훈련기로써, 50은 대한민국 공군 창설 50주년을 뜻한다.

T-50을 이야기할 때 "운전면허 연수하는 데 페라리를 모는 격"이라고 표현하는 경우가 많다. 그러나 실운영중인 경공격기 F/A-50은 훈련기인 T-50을 단순 개량한 것이 아니라, 초기부터 경공격기로 활용 가능한 초음속 항공기를 목적으로 설계한 것이다.

이를 가장 잘 증명해주는 것이 우리가 만들게 될 종이비행기에도 표현되어 있는 주 날개 양끝에 위치한 무게추이다. 경공격기로써 공대공 미사일을 장착할 것을 설계 단계부터 고려, 이후에도 설계 변경 없이 훈련기와 경공격기로 활용하기 위해 만든 것이다. F/A-50의 사진을 보면 T-50의 무게추 부분에 공대공 미사일이 위치하는 것을 확인할 수 있다.

한국이 이러한 고스펙의 훈련기를 만든 배경은 다음과 같다. T-50 개발사업KTX-2, 한국형 훈련기 사업의 진행에 따라 1992년 탐색개발을 진행하던 중, 미 공군의 고등 훈련기T-38 교체 수요를 알게 되었고 450여 대 이

T-50의 실제 모습 ▲

밀리터리 종이비행기 완성 모습 ▶

상의 미국 고등훈련기 시장에 판매하기 위해서 록히드 마틴과 손 잡고 지금과 같은 스펙을 설계, 공동 개발에 들어가게 되었다. 참고로 전투기로 운영하고 있는 F-5와 고등 훈련기로 운영하는 T-38이 동일한 기종인 것을 보면 훈련기와 전투기의 겸용은 특별한 일이 아니다.

그럼에도 불구하고, 최종적으로는 미국의 고등훈련기 교체사업T-X프로그램 350대에서 보잉 T-X에 밀려 선정되는 데 실패했다. 최초의 목적은 달성하지 못한

셈이나, 지속적인 해외 마케팅을 통해 인도네시아16대, 이라크24대, 필리핀12대, 태국12대등에 64대를 수출했으며 고등 훈련기뿐 아니라 고등 훈련기 뿐 아니라 경공격기 도입 사업에도 지속적으로 참가하고 있다.

이러한 맥락에서 우리 공군이 특수비행팀블랙이글스의 곡예기로 T-50을 사용한 점은 에어쇼를 통해 단지 볼거리만 제공하는 것을 넘어 T-50의 우수한 비행능력을 자연스럽게 드러내는 효과를 얻었다.

영상을 보며
따라 접어보세요

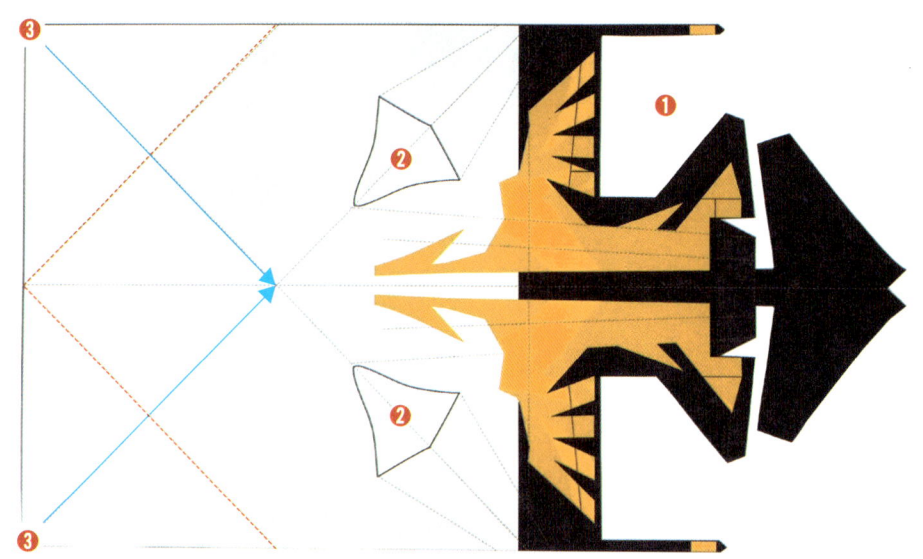

❶ 도안의 자르기 선에 따라 조심스럽게 잘라냅니다.

❷ 이 부분은 뒷부분에서 한 번에 자르게 되니 처음부터 자르지 않도록 주의합니다.

공통적인 기본 접기 안내 기수 부분을 접는 기본 접기는 이 책에 소개된 10개 기종이 거의 동일합니다. 전체 과정을 보여드리는 것은 T-50뿐이며, 다른 기종은 많은 부분 생략했습니다. 그러므로 T-50을 접는 동안에 기본 접기 과정을 익혀두는 것이 좋습니다. 학 접기를 안다면 어렵지 않을 것입니다.

기본 접기 방법

❸ 양쪽 모서리를 붉은색 접는 선에 따라 안쪽으로 접습니다.

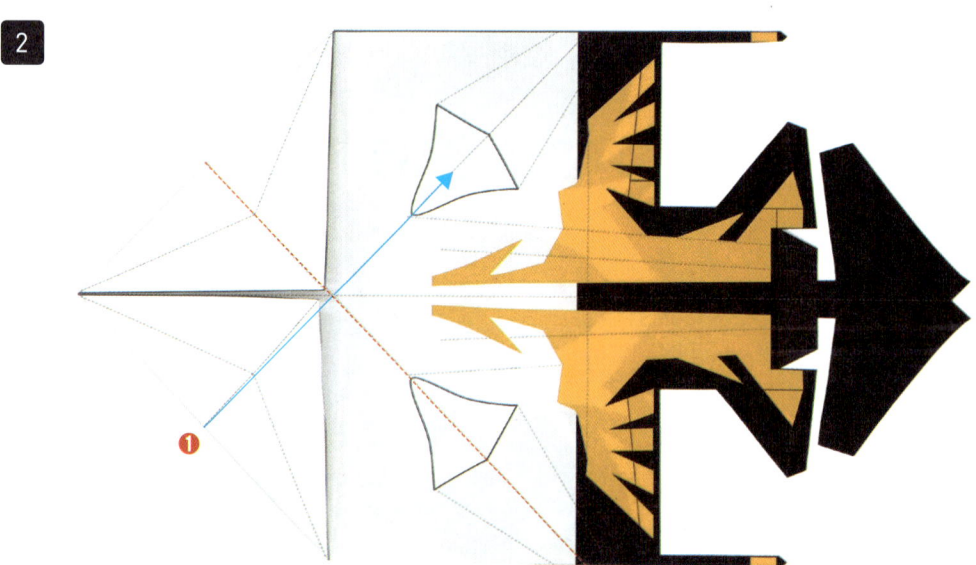

❶ 붉은색 접는 선에 따라 안쪽으로 접습니다.

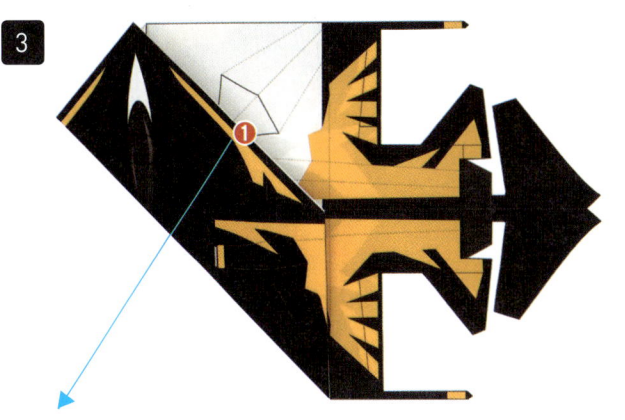

❶ 반대편을 접기 위해 접었던 부분을 다시 펼칩니다.

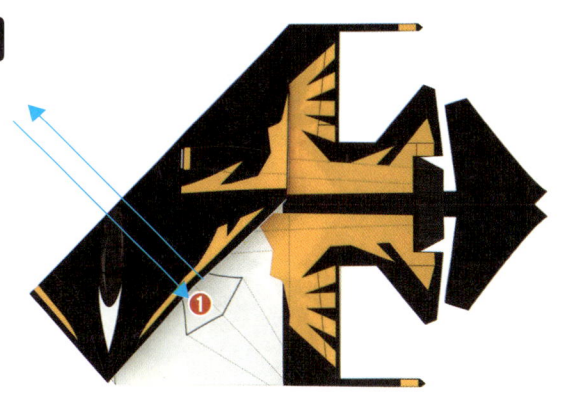

❶ 반대편도 마찬가지로 안쪽으로 접었다가 펼칩니다.

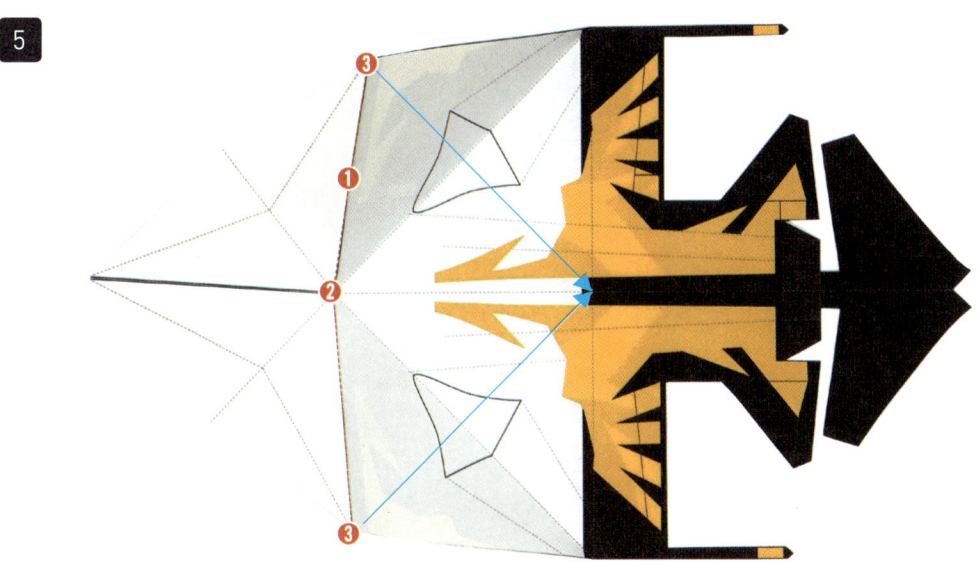

❶ 붉은색 선을 따라서 뒤쪽으로 접었다가 펼칩니다. (안쪽이 아니고 뒤쪽입니다. 사진의 접힌 방향을 잘 살펴보세요.)

❷ 이 부분을 살짝 누르면 사진과 같은 모양이 만들어집니다.

❸ 양쪽을 화살표 방향으로 접습니다.

❶ 세 점이 한 곳에서 만나도록 접습니다.
여기까지 잘 따라왔다면 자연스럽게 세 점이 한 곳
에서 만나게 됩니다.

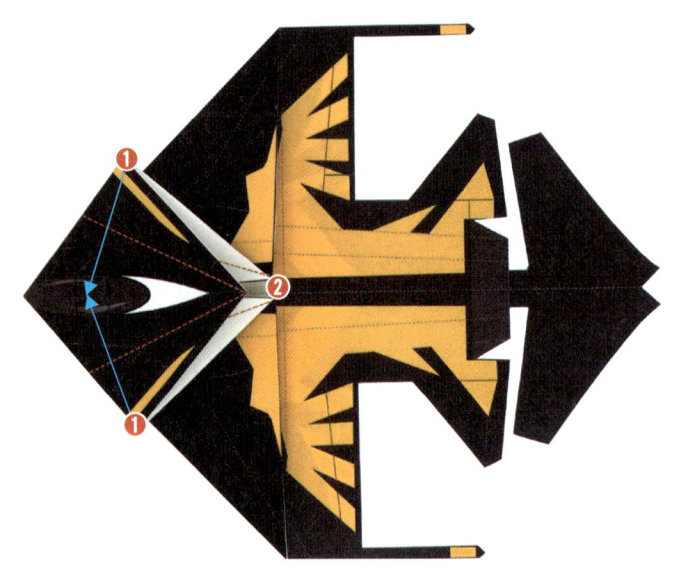

❶ 붉은색 선을 따라서 양쪽 끝을 안쪽으로 접습니다.

❷ 사진에서 흰색으로 보이는 곳은 원래는 보이지 않는 부분입니다. (이해를 돕기 위해 보이도록 찍은 것입니다.) ❶을 접을 때 흰색 부분의 붉은색 선도 함께 접히기 때문입니다. 여기서부터는 접힌 종이 두께가 꽤 두꺼워지니 서두르지 않고 차분하게 접는 것이 중요합니다.

8

❶ 잘 접었다면 우측과 같은 모습이 됩니다.

❷ 이제 도안을 뒤집습니다.

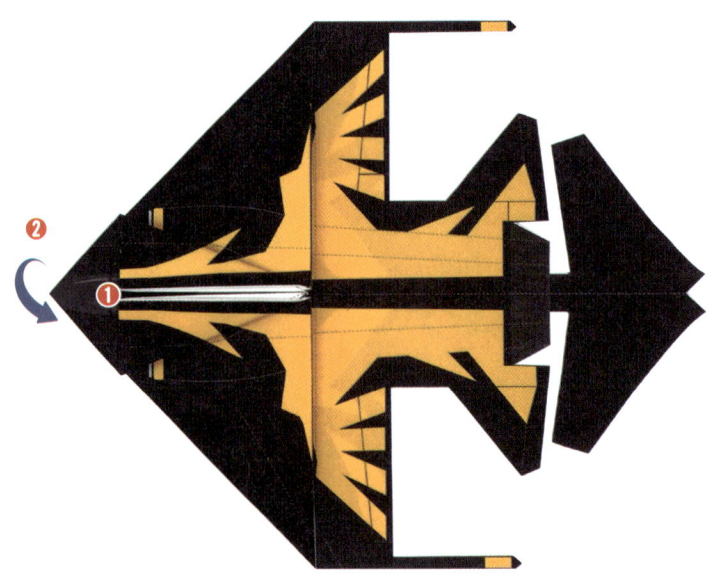

9

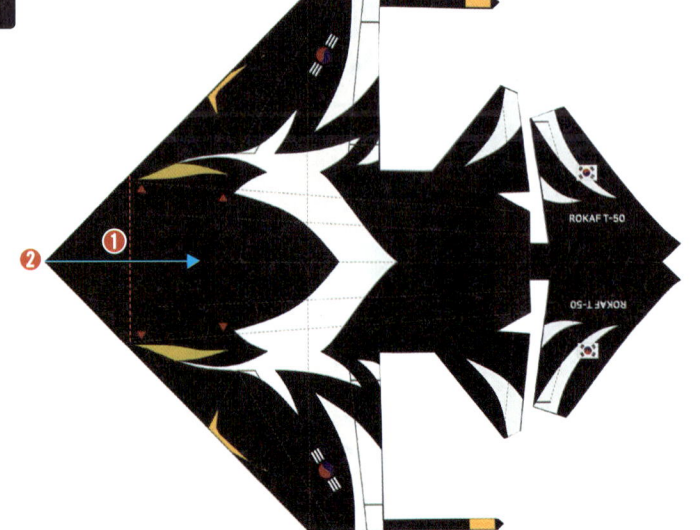

❶ 도안에서 빗금 친 부분은 풀칠하는 곳입니다. 고체 풀을 얇게 펴 바릅니다. 너무 많이 바를 경우 풀이 새어나와 도색이 벗겨질 수 있으니 잘 살펴서 얇게 바릅니다.

❷ 붉은색 선을 따라 접어서 붙입니다.

10

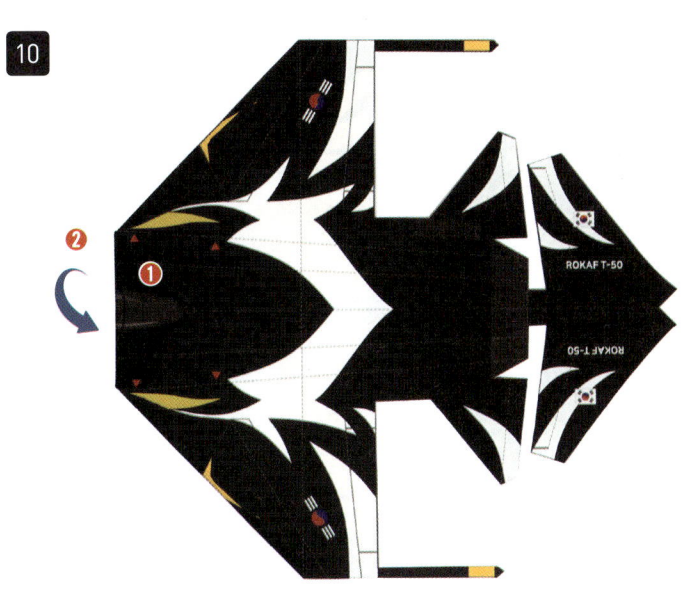

❶ 완전히 붙을 때까지 1분 정도 꾹 눌러줍니다.
❷ 기수 부분을 마무리하기 위해 도안을 뒤집습니다.

11

❶ 기수 부분을 파란색 화살표 방향으로 펼쳐줍니다.

12

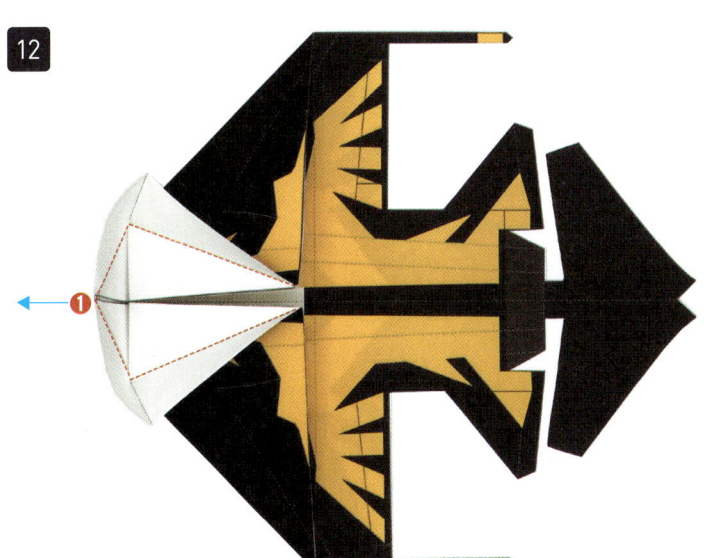

❶ 기수 부분을 파란색 화살표 방향으로 펼쳐줍니다.
❷ 붉은색 선을 따라 자연스럽게 안쪽으로 접습니다.

13

❶ 여기까지가 기본 접기 과정입니다. 다른 기종에도 동일하게 적용되므로 꼭 익혀두시기 바랍니다.

❷ 붉은색 선을 따라 자릅니다. 보이지 않는 뒷부분까지 한 번에 잘라야 하므로 손으로 꾹 누른 채 잘라주세요.

14

❶ 빗금 친 부분에 풀칠한 후 붉은색 선을 따라 파란색 화살표 방향으로 붙입니다. 사진상에는 도안의 접는 선과 붉은색 선이 일치해 보이지 않는데, 사이가 벌어져 있기 때문입니다. 손으로 눌러보면 접는 선도 일치하게 됩니다.

15

❶ 이와 같이 날개 앞부분을 접어 붙이면, 이 부분이 날개가 흔들리지 않도록 뼈대 역할을 해줍니다. 또한 전체 무게가 앞쪽으로 너무 치우치지 않도록 무게중심을 맞춰주는 기능도 있습니다.

❷ 이제 도안을 뒤집습니다.

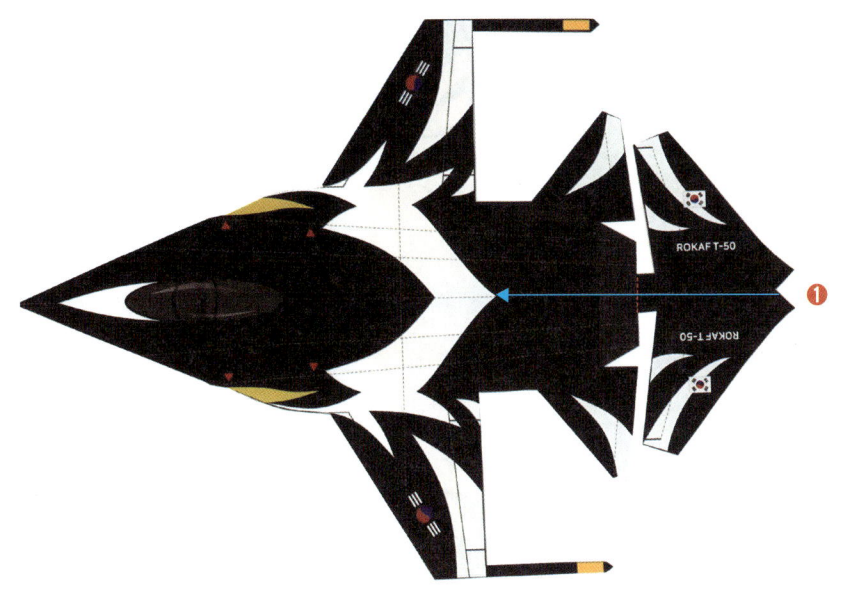

❶ 수직 꼬리날개가 될 부분입니다. 붉은색 선을 따라서 화살표 방향으로 접습니다.

❶ 이제 동체 부분을 완성해보겠습니다. 붉은색 선을 따라서 화살표 방향으로 동체를 크게 접습니다. 접히는 부분이 꽤 두껍고 큰 편이므로 천천히 접는 선을 생각하며 접습니다.

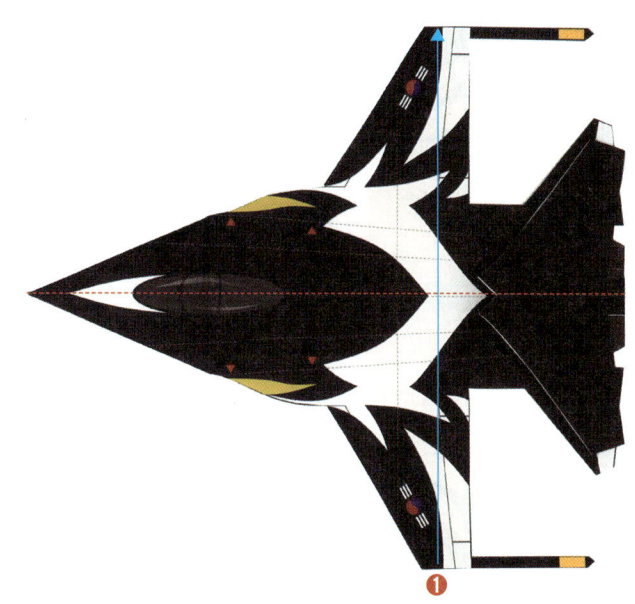

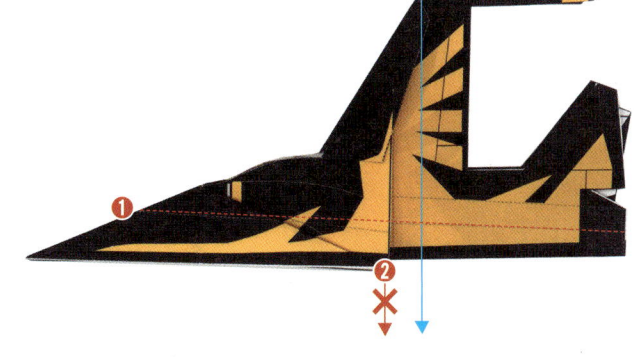

❶ 붉은색 선을 따라서 동체 전체를 아래로 접습니다.
❷ 이때 이 부분이 아래로 밀려 나오지 않도록 꾹 누른 채로 접어야 합니다.

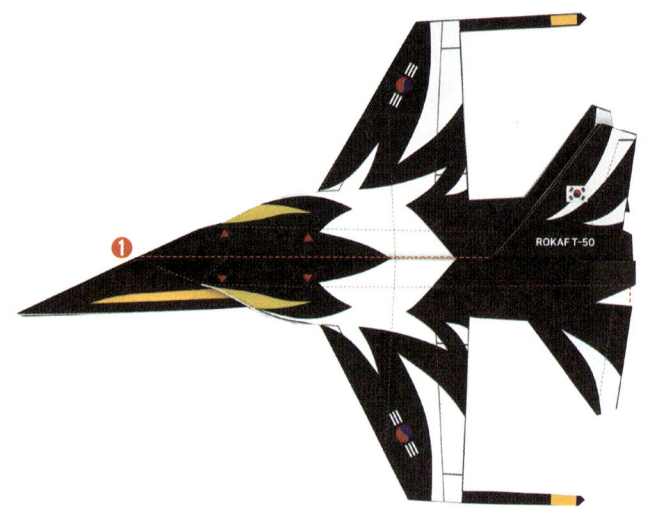

❶ 반대편도 반대편 쪽으로 접습니다. 이때 주의할 것은 붉은색 선에 따라 동체 전체를 접을 때 먼저 접은 선과 최대한 수평이 되도록 해야 한다는 점입니다. 수평이 조금이라도 어긋나면 선풍기 날개가 회전하는 것처럼 전투기가 빙글빙글 돌며 비행할 수도 있습니다. 물론 승강타와 플랩을 이용해 조절이 가능하지만, 그럴 경우 바람의 저항이 강해져서 멀리 날아가기는 힘들겠죠?

20

❶ 붉은색 선을 따라 전체를 접습니다.

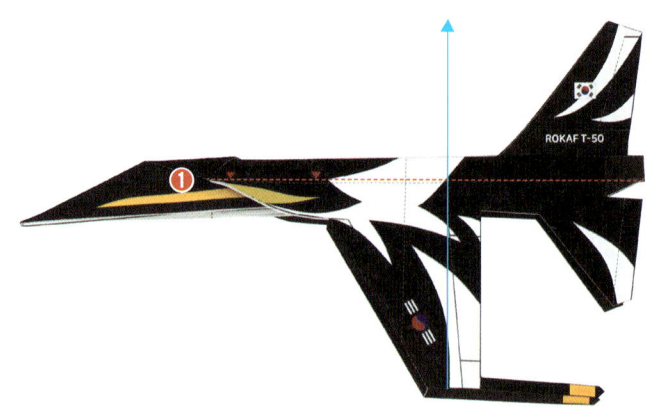

21

❶ 반대쪽도 수평이 유지되도록 조심스럽게 접습니다.

22

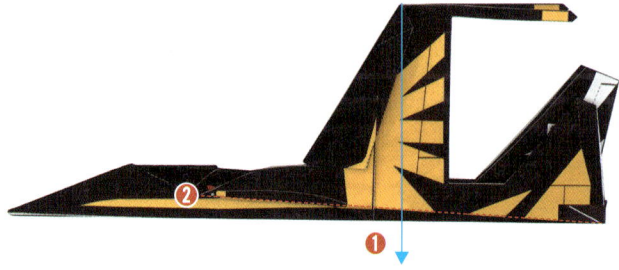

❶ 잘 접었다면 사진과 같이 이 부분이 아래쪽으로 밀려 나오지 않았을 것입니다.
이 부분을 잡고 전투기를 날리게 되는데, 언뜻 생각하기엔 날릴 때 아래쪽으로 많이 내려와 있는 것이 좋을 것 같지만 막상 밀려 내려오면 미관상 매우 좋지 않습니다. 이 정도로도 충분히 잡고 날릴 수 있습니다.
❷ 이제 접었던 부분을 90도로 펼칩니다.

❶ T-50은 수직 꼬리날개가 1개입니다. 2개로 분리되어 있는 수직 꼬리날개를 풀칠하여 붙입니다.
❷ 미사일을 마무리합니다. 사진상의 날개 아래쪽 (보이지 않는 부분)으로 접어 붙이는 것이 깔끔합니다. 다음의 완성 사진을 참조하세요.

완성

완성된 모습입니다.

멋진 활공을 위한 팁

❶ 원래 비행기에서 플랩은 양력을 높이기 위해 활용합니다. 그러나 종이전투기에서는 승강타와 같은 역할을 하게 됩니다. 위쪽으로 15도 정도 접어 세워줍니다.
❷ 수직 꼬리날개의 승강타도 위쪽으로 15도 정도 접어 세워줍니다.
이렇게 조정해서 날려본 다음 플랩과 승강타 각도를 조절하면 됩니다. 빠르게 날릴 것인지, 천천히 활강할 것인지에 따라 승강타 각도를 다르게 조정해주세요.
❸ 수직 꼬리날개는 비행 중 좌우의 수평 유지를 도와줍니다. 또한 방향도 바꿔주는데, 사진과 같이 방향타를 조정할 경우 전투기는 왼쪽 방향으로 날아갑니다.

종이전투기 T-50은 기수 부분의 무게에 비해서 날개 면적이 좁은 편입니다. 플랩과 승강타를 그대로 둔 채 날릴 경우 땅으로 곤두박질 칠지도 모릅니다. 따라서 플랩과 승강타를 적절하게 조정하는 것이 좋습니다.

F-15
이글 Eagle

military origami series paper flight

제작사	보잉(미국)
형식	다목적 전투기
제원	전폭 : 13.05m　　전장 : 19.43m
	최대이륙중량 : 36.74ton
	최고 속도 : 마하 2.3
가격	F-15E 기준 5,500만 달러
운영 국가	미국, 사우디아라비아, 이스라엘, 대한민국, 일본 등
무장	20mm 발칸, AIM-7F(스패로우), AIM-120(암람), AIM-9(사이드와인더),
	GBU-28(벙커버스터) 등 공대지 폭탄의 경우 현재 운영 중인 거의 대부분의 폭탄 운영이 가능

　　◆ F-15K의 경우 SLAM-ER이나 하푼도 운용 가능함

 **전투기 알아보기**

AIM-7 Sparrow 4발, AIM-9 Sidewinder 4발에다 발칸으로 무장한, 실전에서 단 한 번도 격추된 적 없는 전투기. F-15는 완벽한 제공 전투기였다. 베트남전 이후 최강의 제공 전투기를 목표로 했고, 그 목표를 달성한 것이 바로 F-15이다.

그러한 제공 전투기가 획기적으로 변화한 계기는 80년대 초 미 공군의 신 전투 폭격기 계획이었다. 이 계획에 따라 보잉Boeing은 F-15E라는 파생성을 개발했고, 이는 후방석 조종사가 무장을 운영하는 공대지 임무도 가능한 총 무장량 11톤에 이르는 다목적 전투기로 자리잡았다. 대한민국 공군에서 운영 중인 F-15K나 싱가포르 공군에서 운영 중인 F-15SG가 이 F-15E를 기반으로 생산된 전투기이다. 참고로, 일본에서 운영하는 F-15J는 기존 제공 전투기인 F-15C/D를 기반으로 개발된 전투기이다.

현재 대한민국 공군은 1, 2차 F-X사업을 통해 F-15K

를 도입해 2005년부터 대구 공군기지에서 60여 대를 운영 중에 있다.

F-15K가 도입된 계기인 F-X사업에 대해 좀 더 알아 보자.

1993년 국방부는 노후화된 F-5와 F-4를 대체하기 위한 4세대 전투기 120대 도입 사업을 계획·발표한다. 일본이 F-15 200대와 F-2 90여 대를 생산·도입하고, 중국도 공군력을 증강시키는 가운데 이에 대한 조치로 '4세대 전투기 120대'라는 대한민국 역사상 최대의 무기도입 사업이 시작되었던 것이다. 그러나 1997년 IMF 외환위기라는 변수가 생김에 따라 비슷한 시기에 진행되던 공군의 조기경보기 도입 사업 E-X, 고등 훈련기 개발 사업KTX-2, 공중 급유기 도입 사업KC-X 등 무기도입 사업 대부분이 연기·중지되었다. 120대를 도입하고자 했던 F-X사업도 60대로 축소되었으며 그마저도 1, 2차로 나누어 1차 도입에서는 40대만 도입하고 경제 상황에 따라 20대를 추가

도입하는 것으로 변경되었다.

당시 우리 공군의 요구조건은 F-15E급 이상의 전투기였고, 이에 보잉의 F-15K, 다소의 라팔, EADS의 유로파이터 타이푼, 수호이의 Su-35 등이 경합을 펼쳤다. 결과는 F-15K의 승. 2002년 국방부는 F-15K 40대를 도입하기로 확정지었고, 2008년 2차 도입 사업을 진행해 21대분을 추가 도입하였다.

한편 보잉은 저렴한 스텔스 전투기인 F-15SE를 개발하고, 스텔스 전투기를 도입하고 싶으나 F-35를 도입하기엔 재정적으로나 정치적으로 부담이 되는 국가들에게 어필하고 있는 상황이다.

영상을 보며
따라 접어보세요

1

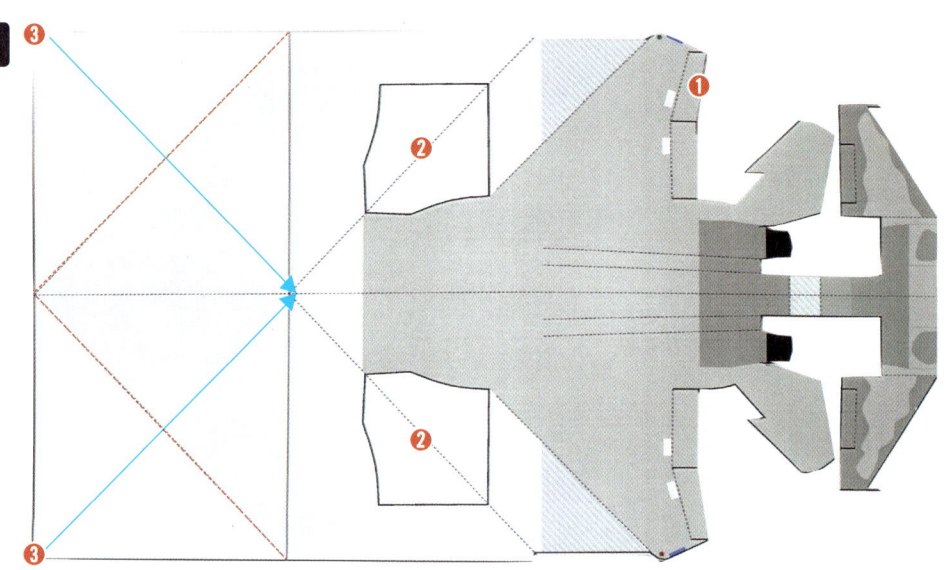

❶ 도안을 외곽선을 따라 잘 잘라줍니다.

❷ 이 부분은 지금 자르지 않습니다.

❸ 기본 접기를 시작합니다. **공통적인 기본 접기 : 8~12페이지 또는 오른쪽 QR코드를 스캔해 영상을 참조하세요.**

기본 접기 방법

2

❶ 사진을 잘 참고하며 기본 접기를 합니다.
기본 접기가 어렵다면, 첫 번째 기종인 T-50으로
돌아가 다른 종이로 복습해봅시다.

3

❶ 기본 접기 방법으로 기수 부분을 완성합니다. 이
과정은 학 접기와 동일합니다.

❷ 도안을 뒤집습니다.

4

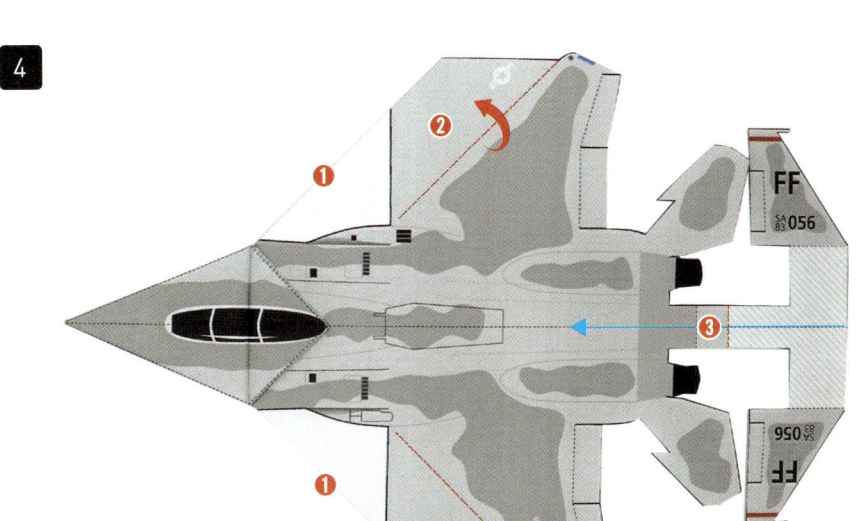

❶ 이 부분을 잘라냅니다.
❷ 앞날개 내구도를 높이기 위해 이 부분을 날개 아래쪽으로 접어 붙입니다. (날개 위쪽으로 붙이면 위장 도색이 맞지 않습니다. 반드시 아래쪽으로 붙이세요)
❸ 수직 꼬리날개를 그림과 같이 접어 붙입니다.

※ 아래 5번 차례의 사진을 참고하면 이해하기 쉽습니다.

5

❶ 동체를 마무리하기 위해 전체를 접습니다.

6

❶ 이 부분을 칼로 자릅니다.
❷ 선을 따라 동체를 접습니다.

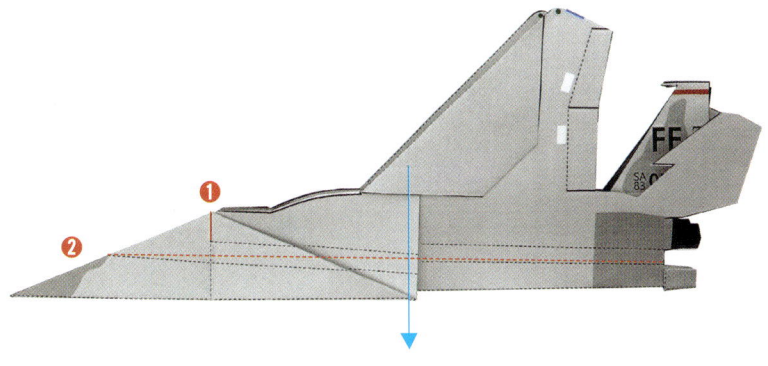

7

❶ 마지막으로 선을 따라 동체를 접습니다.

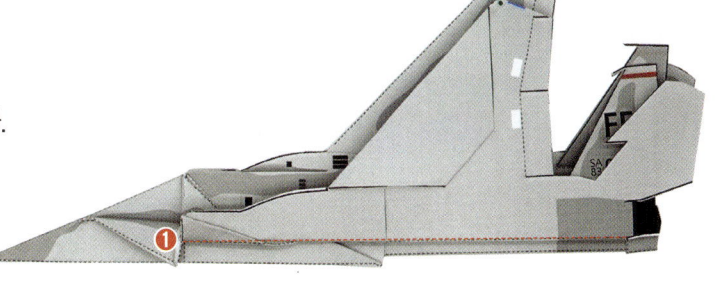

완성

완성된 모습입니다.

멋진 활공을 위한 팁

❶ F-15는 주 날개가 뒤쪽으로 치우친 편이라, 그대로 날릴 경우 멀리 날아가지 못합니다. 사진과 같이 주 날개의 플랩 4개(각 날개당 2개)를 위로 15도 정도 세워주면 멀리 날릴 수 있습니다.
❷ 이 부분이 지저분해 보일 경우 풀을 사용해서 다듬어줍니다.

F-16
파이팅 팰콘 Fighting Falcon

제작사	록히드 마틴(미국)
형식	다목적 전투기
제원	전폭 : 9.8m 전장 : 14.8m
	최대이륙중량 : 19.15ton
	최고 속도 : 마하 2.02
가격	1,800만 달러
운영 국가	미국, 대한민국, 이스라엘 등
무장	20mm 기관총, AIM-9(사이드와인더),
	AIM-120(암람), AGM-84(하푼), JDAM, Mk82, CBU-97 등

 **전투기 알아보기**

F-16은 현역 전투기 중 가장 많은 숫자가 생산 및 판매되고 있는 전투기이다. 1970년대에 생산되기 시작해서 지금까지 4,500대 이상이 생산·판매되었다. 약 2,000만 달러의 저렴한 가격, 우수한 범용성, 크기에 비해 뛰어난 무장량과 항속 거리, 미국의 주력기라는 점 등으로 여러 나라의 주력 전투기가 되었다.

미국에서는 F-15를 고성능High 제공 전용 전투기로, F-16을 염가형Low 전투기로 운영한다. 그러나 F-16을 도입한 여러 국가들은 이 기종의 우수한 범용성을 이유로, 다목적 전투기로써 이용한다. 우리나라만 보더라도 제공권 확보를 위한 공대공 전투뿐 아니라 지상군의 화력 지원을 위한 CAS 임무, 광학·전자 정찰 임무까지 다양한 임무환경에 운용되고 있다.

F-16의 가장 큰 특징이라면 플라이 바이 와이어Fly-By-Wire. 전선에 의한 비행가 도입된 최초의 양산형 전투기라는 점일 것이다. 이를 통해 안정적이면서 우수한 비행능력을 갖추게 되었다. F-16 조종간은 조종사 무릎 사이가 아닌 오른쪽 콘솔쪽에 위치하고 있으며, 실제 비행 시에도 큰 움직임 없이 조종사 손의 압력을 감지하여 조종된다.

대한민국 공군에서는 1986년 피스브릿지 사업을 통한 블록32 40대 도입을 시작으로, 1991년 KFP사업을 통해 블록52를 120대 도입했으며 이 중 100여 대를 삼성항공에서 면허 생산, 2003년 KAI에서 20대를 추가 생산하여 140여 대를 운용 중에 있다. 이 중 국내에서 생산한 블록 52계열 F-16C/D를 KF-16이라 부른다.

 **접는 방법** 도안 77, 79페이지

1

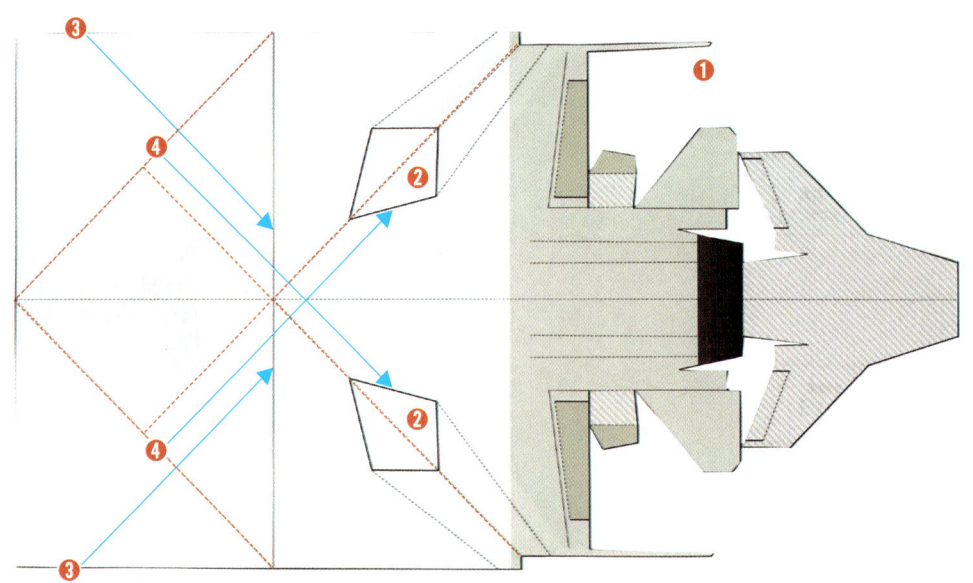

❶ 도안을 자릅니다.

❷ 이 부분은 이 단계에서는 자르지 않습니다.

❸ ❹ 기본 접기를 합니다. 과정은 동일합니다.

공통적인 기본 접기 : 8~12페이지 또는 오른쪽 QR코드를 스캔해 영상을 참조하세요.

기본 접기 방법

2

❶ 학 접기로 기수를 완성합니다.

❷ 도안을 뒤집어줍니다.

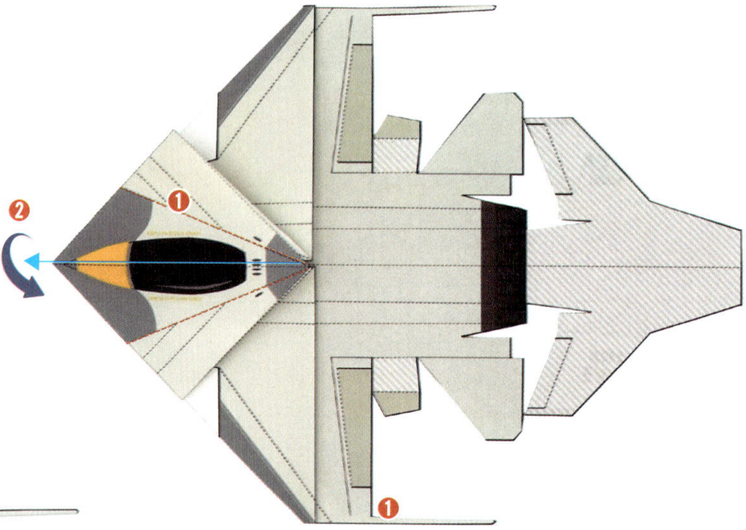

3

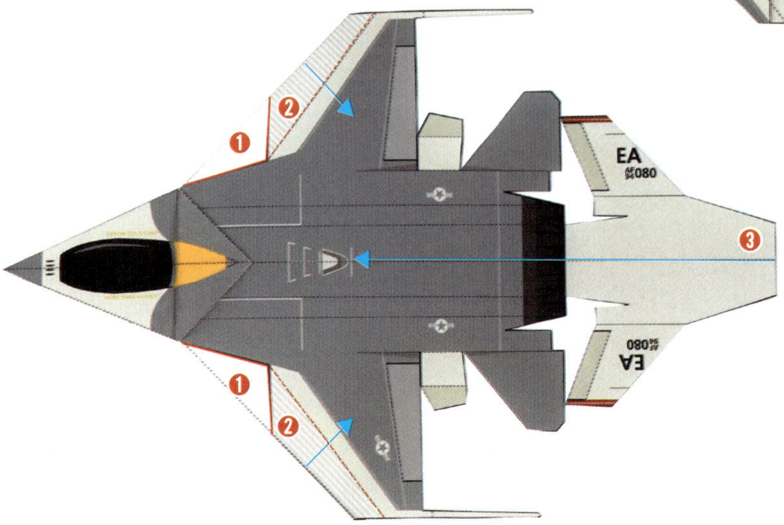

❶ 잘라내고

❷ 붙이고

❸ 접습니다.

❶ 중앙을 기준으로 동체를 크게 접습니다. F-16은 수직 꼬리날개가 1개입니다. 이 부분을 붙여서 수직 꼬리날개를 먼저 만듭니다.

5

❶ 전체를 한 번 접어 내린 후
❷ 다시 전체를 접어 올립니다. 앞에 T-50 및 F-15에서 했던 것과 동일합니다.

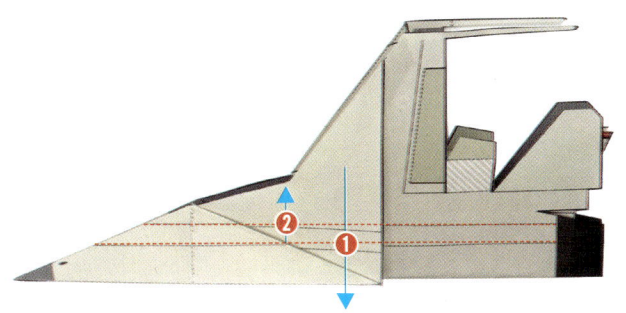

6

❶ F-16은 동체 아래쪽에 보조 수직 꼬리날개가 있군요. 동그라미 친 부분과 같이 접고, 붙입니다.
❷ 미사일도 마무리합니다.

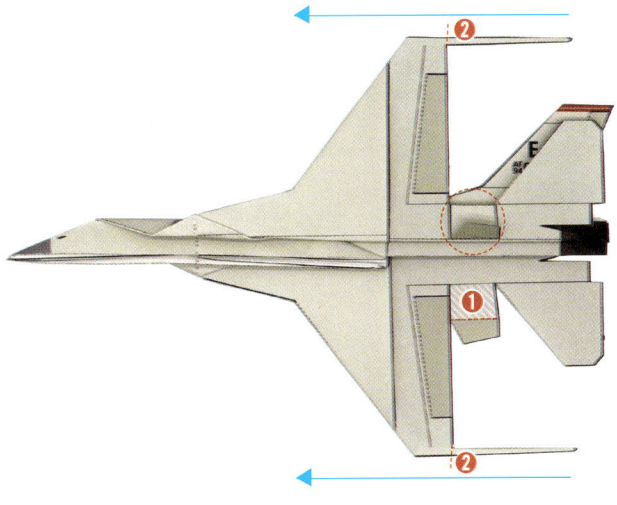

참고 컷

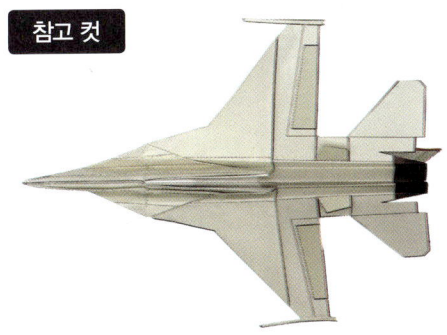

완성된 모습입니다.

멋진 활공을 위한 팁

❶ 수평 꼬리날개를 위로 조금 세워주면 아주 잘 날아갑니다.

❷ 경우에 따라 플랩을 사용해도 됩니다. 각도를 위로, 아래로 조절해보고 왼쪽은 위로, 오른쪽은 아래로 조절한 다음 어떻게 날아가는지 살펴보세요.

❸ 기수 부분을 접다 보면 이 부분이 두꺼워 도색이 벗겨질 수 있습니다. 최대한 벗겨지지 않게 하려면 손에 묻은 풀을 완전히 제거하세요. 손에 묻은 풀을 완전히 물로 닦고 물기를 제거하고 접으면 도색이 벗겨지지 않을 것입니다.

F-18
호넷 Hornet

제작사	맥도널 더글라스/노스롭 → 1997년 이후 보잉(미국)
형식	함재 다목적 전투기
제원	전폭 : 12.3m 전장 : 17.1m
	최대이륙중량 : 23.5ton
	최고 속도 : 마하 1.8
가격	1,800만 달러
운영 국가	미국, 캐나다, 호주, 스페인 등
무장	20mm 발칸, AIM-7(스패로우) AIM-9(사이드와인더), AIM-120(암람), AGM-45(쉬릭), HARM, SLAM-ER, JSOW, AGM-84(하푼), CBU-97, JDAM, B61(전술 핵폭탄) 등

 ## 전투기 알아보기

1983년 도입되어 미 해군의 제공권 장악, 대지상·함선 공격, 심지어 전자전 임무까지 전천후로 수행하는 함재 전투기이다. 제조사인 노스롭이 F-5 전투기의 차기 모델로써 F-16과 경쟁하기 위한 의도로 개발했으나, 미 공군의 LWF사업에서 F-16에 패배하며 실패한 전투기로 남을 뻔한 적도 있다. 그러나 미 해군이 F-14 전투기를 보조할 저렴한 함재 전투기를 요구했고, 이에 따라 F/A-18은 다양한 경쟁기종을 물리치고 미 해군 경전투기 사업의 승자가 되었다. 비록 F-16의 생산·도입량에는 못 미치지만, 그래도 잇따른 스텔스 전투기 도입 사업에서 F-22, F-35를 개발한 록히드마틴에 밀려 고배를 마시고 있는 보잉에게 F-18은 전투기 사업 부분에서 효자 노릇을 하고 있는 모델이다.

영상을 보며
따라 접어보세요

1

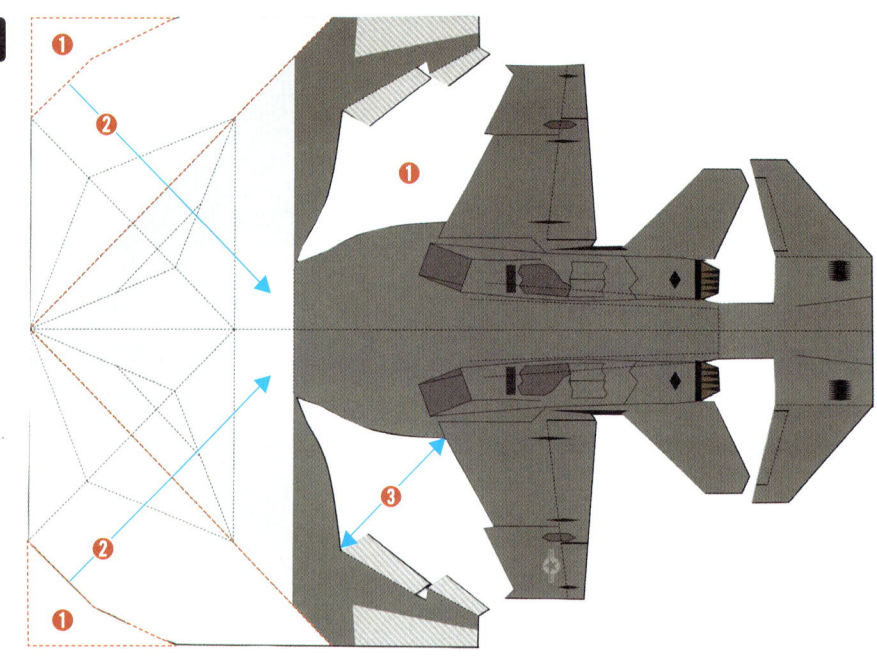

❶ 도안을 잘 자릅니다. 다른 점이 있다면 왼쪽 위아래 귀퉁이도 잘라야 한다는 것입니다. 물론 기본 접기 후에 잘라도 상관은 없습니다.

❷ 기본 접기를 합니다. **공통적인 기본 접기 : 8~12페이지 또는 오른쪽 QR코드를 스캔해 영상을 참조하세요.**

❸ 날개의 상판과 하판이 잘 맞는지 확인하면서 기본 접기를 합니다.

기본 접기 방법

참고 컷

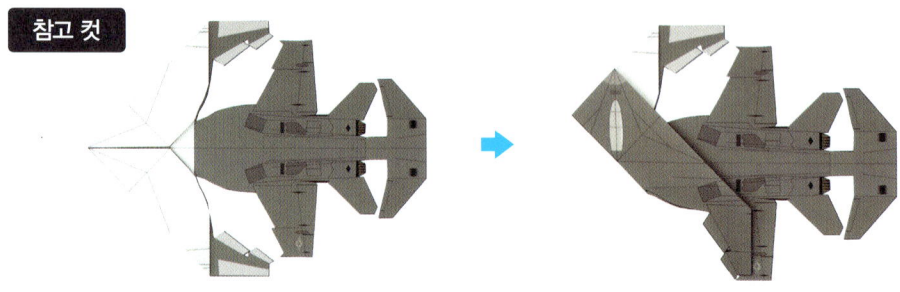

2

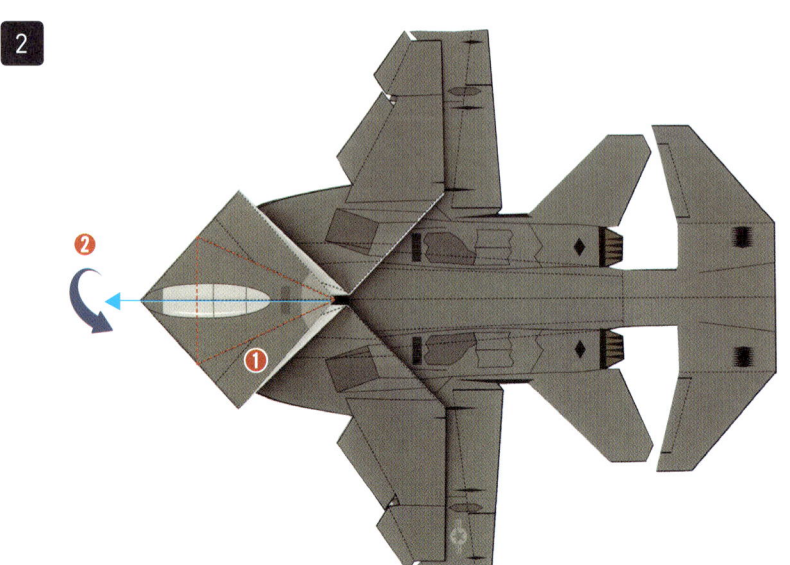

❶ 학 접기 방법으로 기수를 접습니다.

❷ 도안을 뒤집습니다.

3

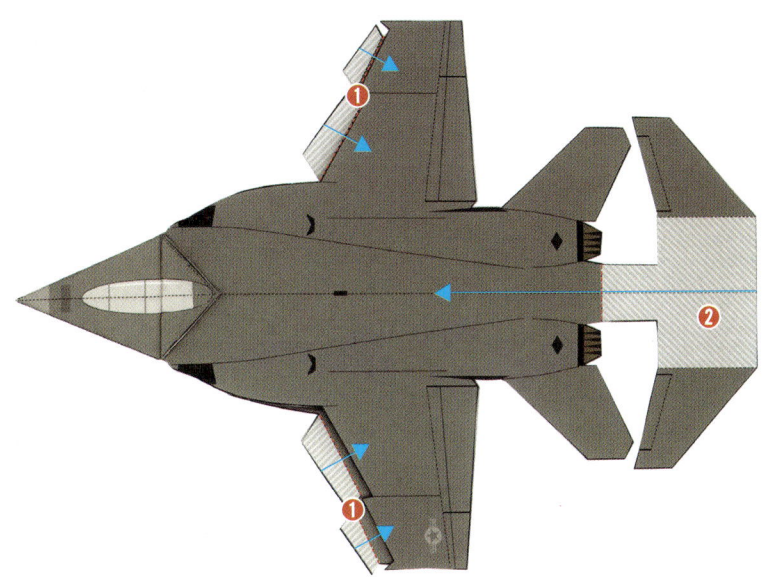

❶ 앞날개 상판과 하판을 이어 붙입니다.
❷ 수직 꼬리날개가 될 부분을 동체 쪽
으로 접어 붙이고 수직 꼬리날개는 접어
세웁니다.
T-50부터 순서대로 해왔다면 전혀 어렵
지 않을 것입니다.

4

❶ 동체만 접으면 끝납니다. 중앙을 접습니다.

5

❶ 동체를 마무리하기 위한 선이 표시되어 있습니다. 크게 아래로 접고,
❷ 다시 위로 접습니다. 양쪽을 각각 접으면 됩니다.

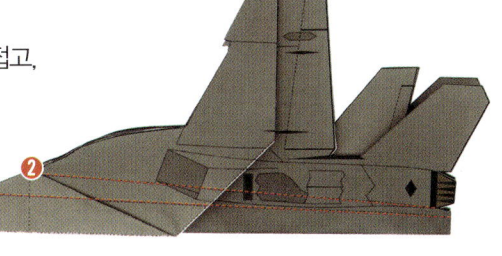

완성

완성되었네요. 수직 꼬리날개와 플랩을 이용해
잘 날 수 있도록 조절해봅니다.

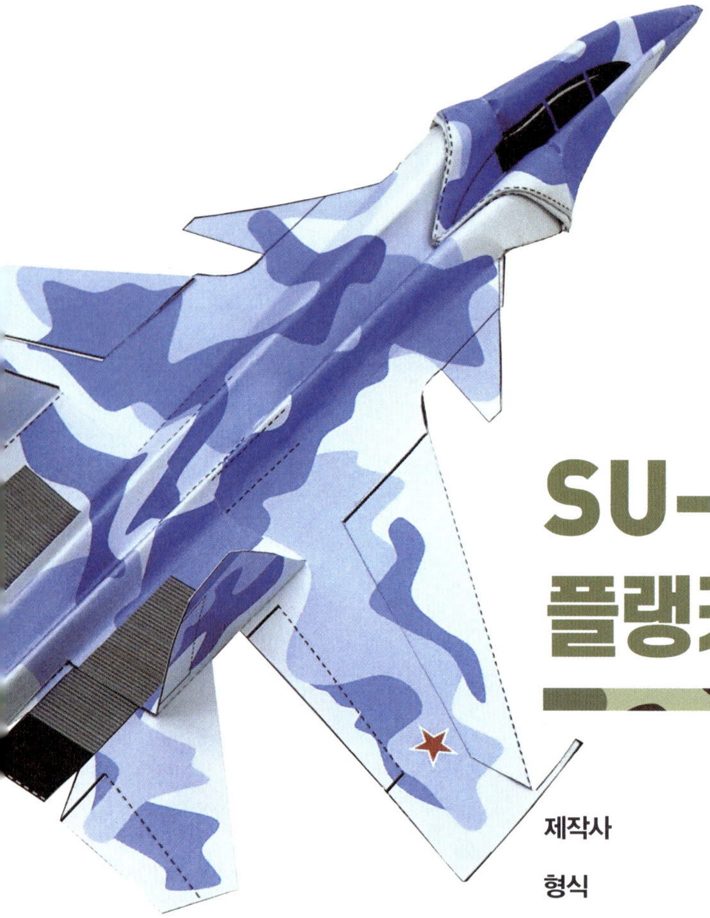

SU-35
플랭커 Flanker

제작사	수호이(러시아)
형식	다목적 전투기
제원	전폭 : 15.3m 전장 : 21.9m
	최대이륙중량 : 25.3ton
	최고 속도 : 마하 2.25
운영 국가	러시아, 중국, 인도네시아 등
무장	30mm 기관포, 빔펠 R-73, Kh-31, Kh-29, KAB-1500, FAB-100 등

 전투기 알아보기

Su-35는 슈퍼크루즈초음속순항비행가 가능한 러시아 최초의 전투기이다. 미국의 F-15에 대항하는 것을 목적으로 제작되었으며, 기동능력만 보자면 추력편향노즐이나 슈퍼크루즈, FBW 등 F-15보다 우수한 성능을 보인다. 가격적인 측면에서도 대당 800억 원 수준으로 1,200억 원 수준인 F-15K보다 저렴하여 우리나라의 1차 F-X사업에 참여하기도 했다.

Su-35가 우리에게 익숙한 것은 1차 F-X사업에 참여하면서 제1회 서울 에어쇼1996년에서 보인 코브라 기

동 덕분일 것이다. 코브라 기동이란, 고도를 유지한 상태에서 전투기의 기수를 순간적으로 110도 이상 치켜세워 잠시 공중에서 정지한 듯한 모습을 보이고 실속 상태에 빠지기 전에 정상비행으로 돌아오는 기동을 말한다. 제1회 서울 에어쇼가 열릴 당시로서는 우수한 공대공 능력을 눈으로 보여줄 수 있는 비행기술이었다. 그 광경을 본 밀리터리 덕후들은 미국의 F-15보다 러시아의 Su-35가 훨씬 우수하다며 F-X사업에서 Su-35를 도입해야 한다고 목소리를 모으기도

Su-35의 실제 모습 ▲

밀리터리 종이비행기 완성 모습 ▶

했다. 이 같은 퍼포먼스가 가능하다 보니 러시아의 곡예 비행팀인 러시안 나이츠에서는 Su-35를 세계 최대 크기의 곡예 비행기로 사용하고 있다.

Su-35의 장점은 기동력과 가격뿐만이 아니다. 스텔스 기능은 없지만 스텔스기를 탐지할 수 있는 레이더를 장착하여 400km 떨어진 공중 목표물을 동시에 30개까지 탐지·추적할 수 있으며, 8개 목표물에 대해 동시 공격이 가능하다. 또한 90km 내에서 레이더반 사면적RCS 0.01㎡인 목표물을 탐지할 수 있는데, 이는 90km 내에 있는 B-2 스텔스 폭격기를 탐지하고 공격할 수 있다는 의미이다.

영상을 보며
따라 접어보세요

1

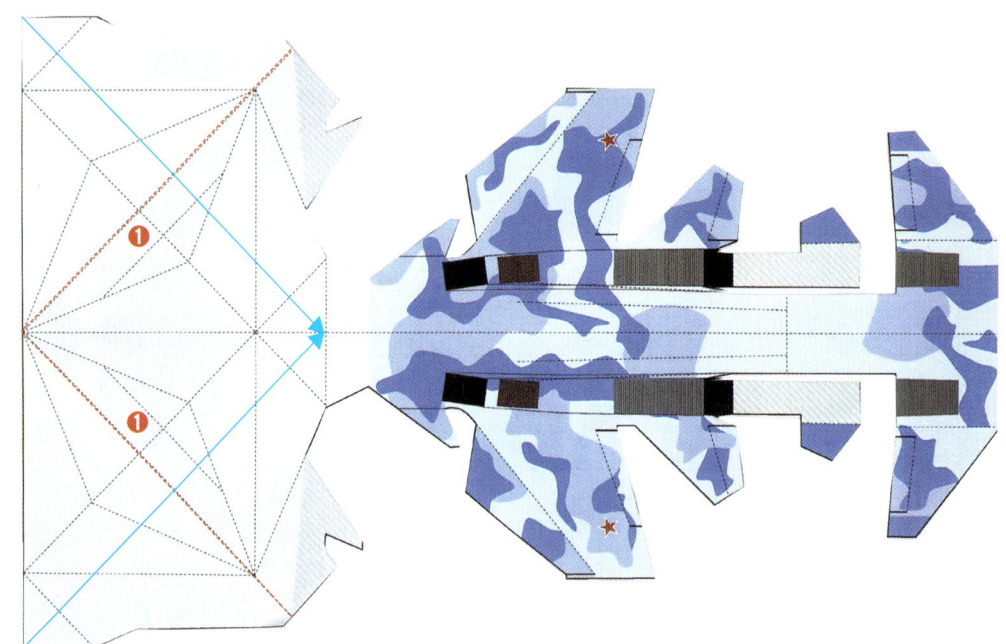

❶ Su-35 도안을 준비합니다. 기본적인 과정은 동일하지만 설명이 조금 필요한 부분이 있으니 잘 따라오세요. 시작은 동일합니다.

2

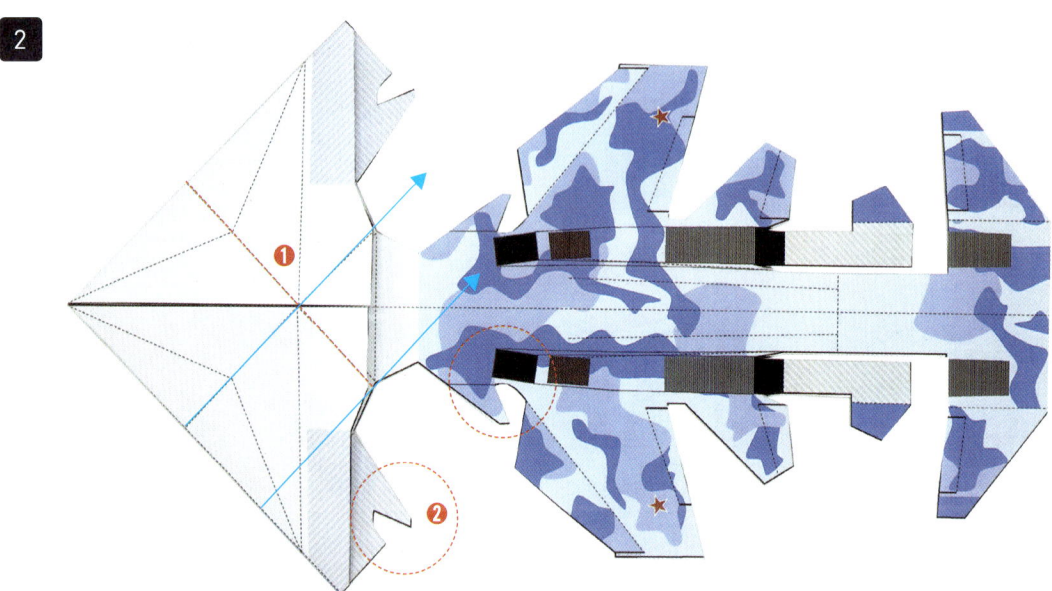

❶ 기본 접기 과정은 동일합니다. **공통적인 기본 접기 : 8~12페이지 또는 오른쪽 QR코드 영상을 참조하세요.**
❷ 기준을 잡을 때 동그라미로 표시한 카나드(전방 보조날개)를 기준으로 맞추면 안 됩니다.
처음에는 맞지 않도록 설계되어 있으며, 기수를 완성할 때 자연스럽게 맞도록 설계하였습니다.
다음 그림을 볼까요.

기본 접기 방법

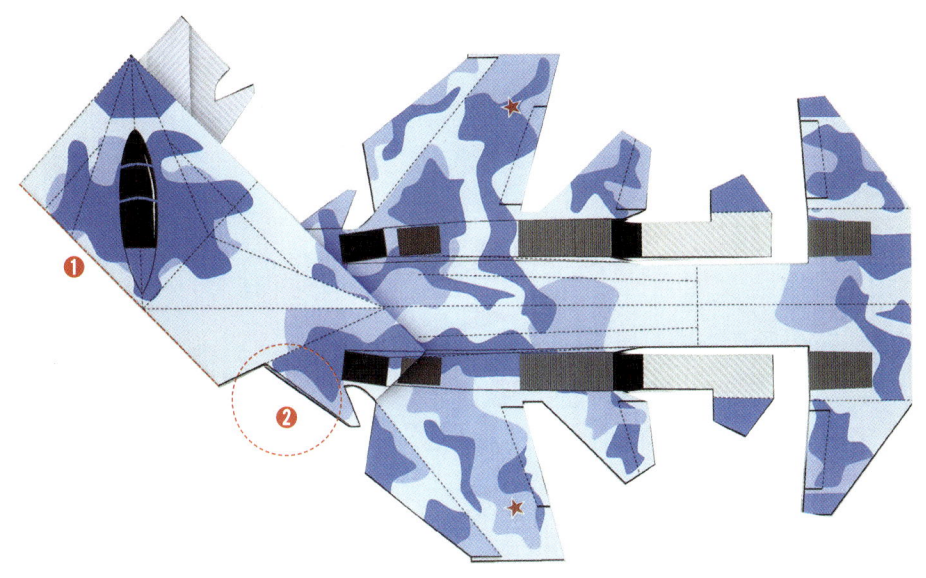

❶ 선에 맞춰 정확히 접습니다.
❷ 카나드 부분의 위와 아래가 정확히 맞지 않는 것이 정상입니다. 다른 각도에서 볼게요.

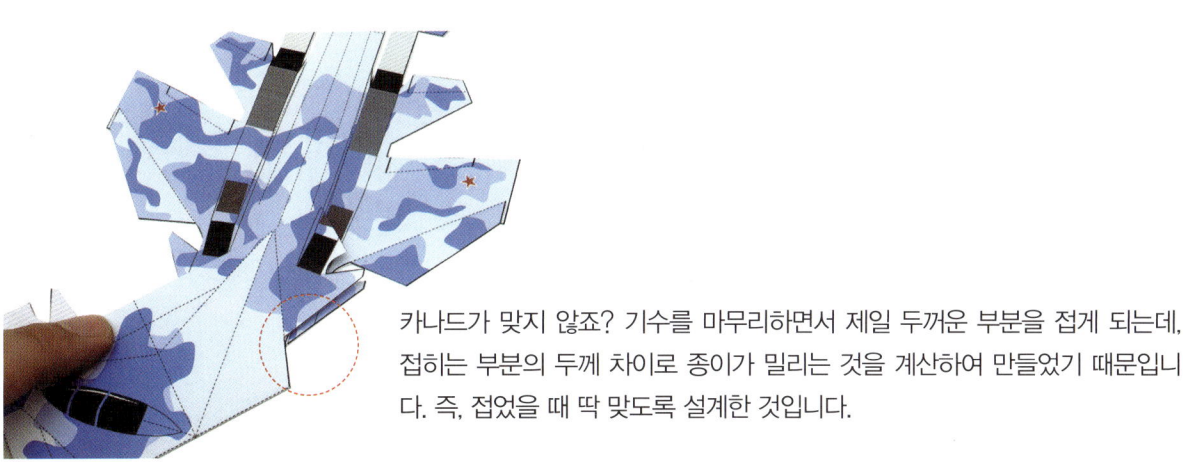

카나드가 맞지 않죠? 기수를 마무리하면서 제일 두꺼운 부분을 접게 되는데, 접히는 부분의 두께 차이로 종이가 밀리는 것을 계산하여 만들었기 때문입니다. 즉, 접었을 때 딱 맞도록 설계한 것입니다.

4

❶ 기수가 될 부분을 접습니다.

5

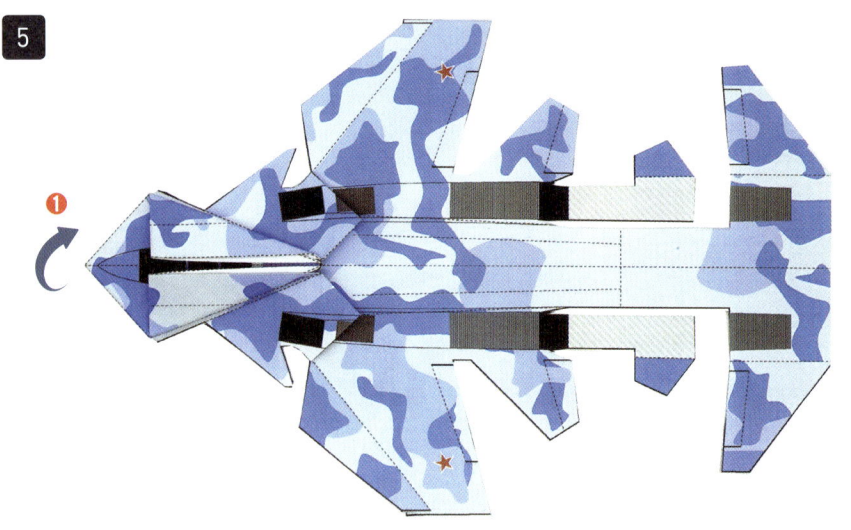

❶ 도안을 뒤집어줍니다.

6

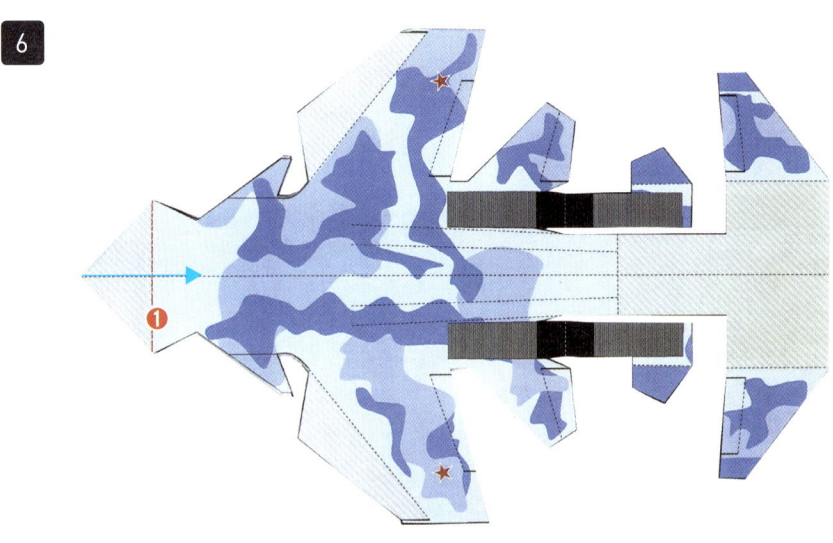

❶ 이 부분을 접어 붙이면서 카나드의 위아래가 맞는지 확인합니다.
이 부분을 접어 붙일 때 접히는 부분의 두께 차이로 카나드가 정확히 맞춰집니다. 사진에 보이는 부분이 안쪽으로 접
힐 때, 바깥쪽 부분이 두꺼워서 1~2mm 정도 차이가 발생하기 때문에 그에 맞춰 도안을 설계했습니다.

7

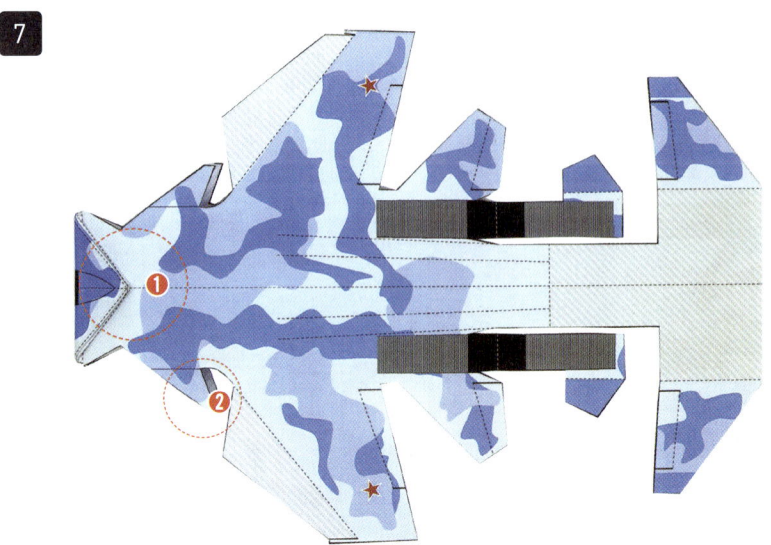

❶ 잘 붙도록 꾹 누르고 1분 정도 기다립니다.
❷ 카나드 날개의 위아래가 맞는지 봅니다.
카나드는 지금 붙여도 되고 이후 과정에서
붙여도 됩니다.

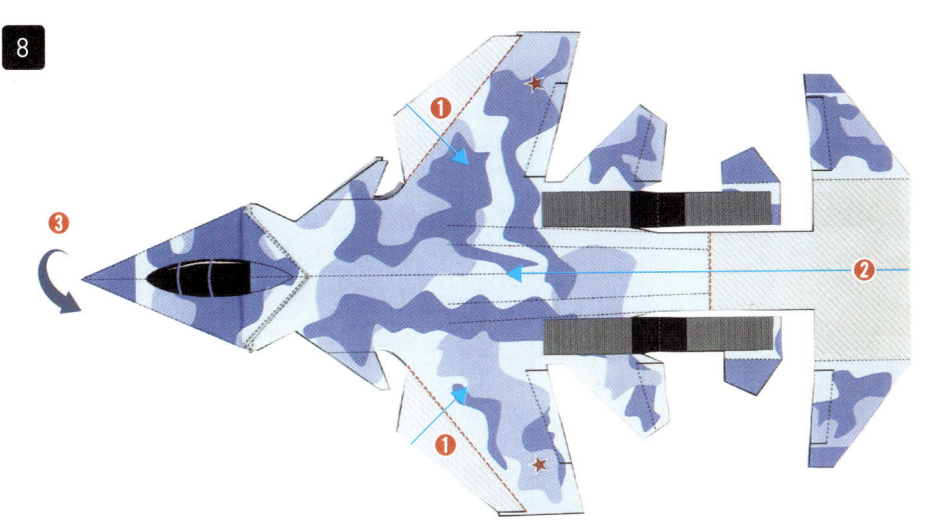

8

❶ 여기 잘 따라오셨으면 이제 뭘 해야할지 눈에 보일 겁니다. 접어서 붙입니다.

❷ 수직 꼬리날개가 될 부분도 동체쪽으로 접어 붙이고 수직 꼬리날개를 세웁니다.

❸ 도안을 뒤집습니다.

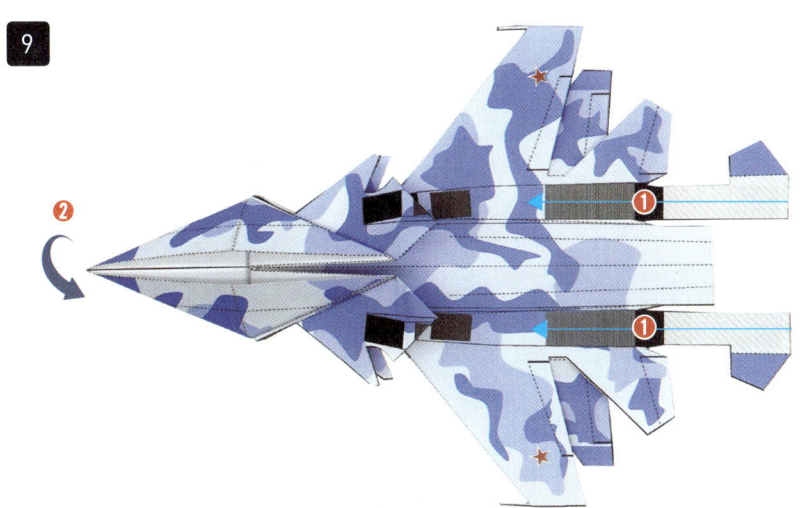

9

❶ 동체 아래쪽에 위치하는 보조 수직 꼬리날개부분은 접고 붙이고 세웁니다.

❷ 다시 뒤집어서 동체를 마무리합니다.

10

❶ 카나드 날개를 붙이지 않았다면 지금 붙입니다.

❷ 손잡이 부분에 풀칠하도록 되어 있는데, 붙여도 되고 붙이지 않아도 됩니다. 저는 그냥 붙이기로 결정했습니다.

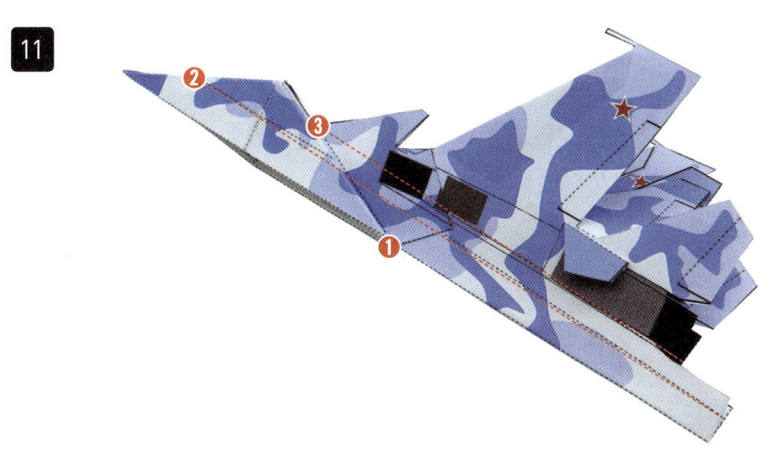

11

❶ 저는 카나드와 손잡이 부분까지 동체에 붙여버렸습니다. 이것은 선택사항입니다. 카나드만 붙이거나, 손잡이까지 붙이거나.

❷ 이 선을 따라 전체를 접어 내리고

❸ 이 선을 따라 접어 올립니다. 많이 해보셨으니 선을 따라서 접기만 하면 됩니다.

❶ 동체 아래쪽의 보조 수직 꼬리날개를 잘 다듬습니다. 작지만 수평이 맞지 않으면 직진으로 날지 않고 좌우로 날아갑니다. 수직 꼬리날개니까요.

완성

❶ 손잡이까지 붙인 경우에는 거치대 위에 균형을 잡고 올려놓기만 하면 됩니다.

멋진 활공을 위한 팁

수평 꼬리날개를 위로 20도 정도 올립니다. 그럼 아주 잘 날아갑니다. 균형이 잘 잡혀서 잘 날고, 멋도 있어서 매우 좋아하는 기종입니다.

F-22
랩터 Raptor

제작사	록히드 마틴(미국)
형식	스텔스 제공전투기 · 종심 타격기
제원	전폭 : 13.56m 전장 : 18.91m
	최대이륙중량 : 36.29ton
	최고 속도 : 마하 2.5
운영 국가	미국

 **전투기 알아보기**

1990년도에 개발을 시작해 2005년부터 미 공군에서 운영 중으로, '아직 대응할 만한 전력이 없는 명실상부 최고의 전투기', '실전에 배치된 유일한 5세대 전투기' 등 F-22를 수식하는 말은 수없이 많다.

F-22는 기존 하이급 제공 전투기인 F-15의 대체기로 개발되었다. 공중우세를 조기에 확보하고 제공권을 장악할 수 있는 우수한 스텔스 기능과 레이더 성능을 갖췄기 때문에, 적의 전투기는 F-22를 탐지하기도 전에 이미 날아오고 있는 미사일에 대한 대처법을 찾아야 한다. 이처럼 강력한 F-22를 상대하여 대처할 수 있는 전투기가 아직 없다 보니 기존의 700여 대 생산

계획F-15를 대체하기 위해 계획되었던 것은 대폭 감소되어 현재는 200여 기 남짓 운영되고 있다.

미국의 경제 상황을 고려했을 때 비싼 생산비용 문제도 있으나, 앞서 말한대로 현재 배치된 전투기로 F-22를 대응하는 건 불가능에 가깝다는 사실이 생산 계획 축소의 주 원인이다. 실제로 훈련 상황에서 EA-18G 전자전기가 F-22의 레이더를 재밍하여 요격한 것으로 판정받은 것이 유일한 격추기록이다. 이렇다 보니 미국의 입장에서는 F-22를 더 생산하는 것이 의미가 없다. "F-22는 지구 밖의 위협에 대응하기 위한 전력"이라는 이야기가 회자될 정도이니 말이다. F-22를 상대하기 위해 러시아의 PAK FA나 중국의 J-20이 개발 및 배치되고 있는 현시점에서, F-22를 추가 생산하는 것보다는 이를 넘어서는 수준의 무인전투기를 개발 및 도입하는 것이 더 효과적이라는 게 현재 미국의 입장이다.

영상을 보며
따라 접어보세요

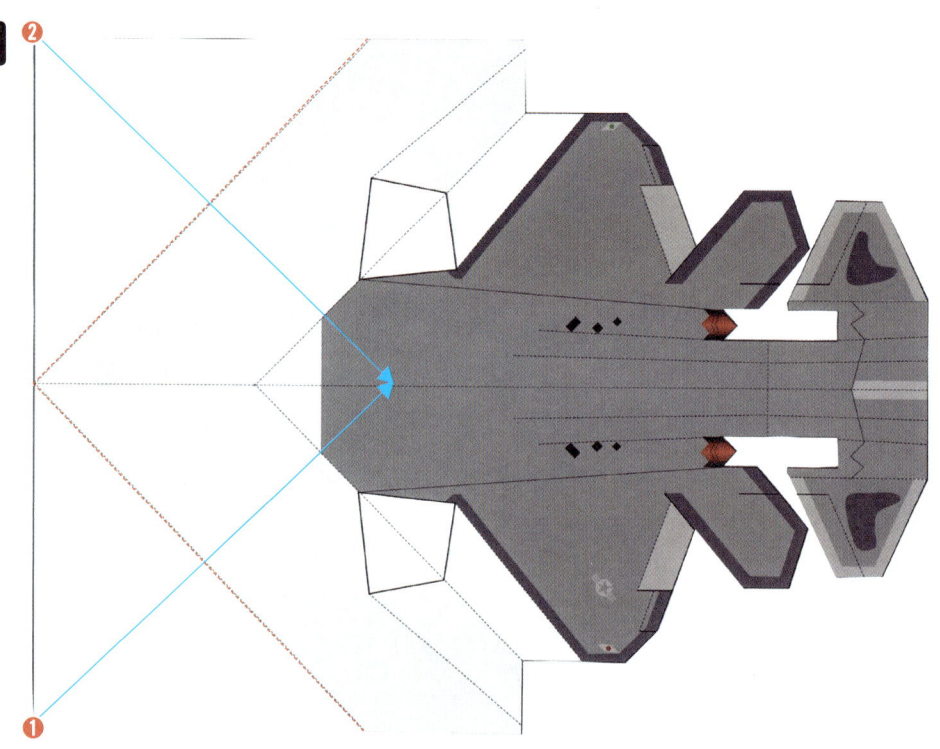

❶ 이제 만드는 순서가 머릿속에 쭉 그려질 것입니다. F−22는 가장 유명한 스텔스 전투기입니다. 앞서 만들었던 기종들과 크게 다르지 않으므로, 그 순서대로 만들어나가면 됩니다. 꼭짓점을 접습니다.

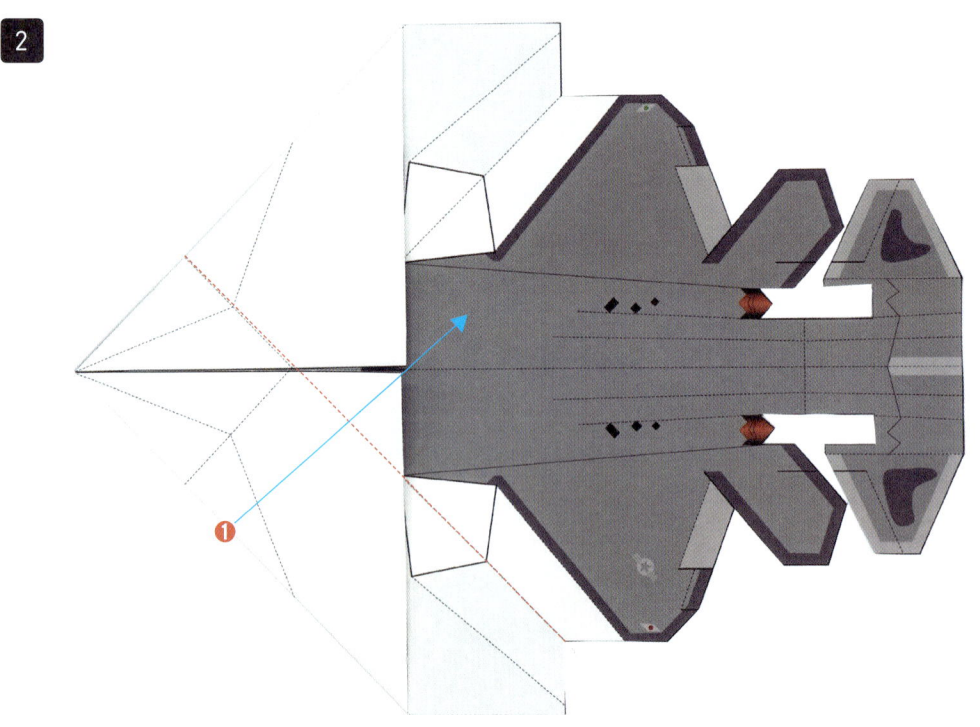

기본 접기 방법

❶ 기본 접기를 합니다. 표시된 선을 따라 접습니다. **공통적인 기본 접기 : 8∼12페이지 또는 위의 QR코드 영상을 참조하세요.**

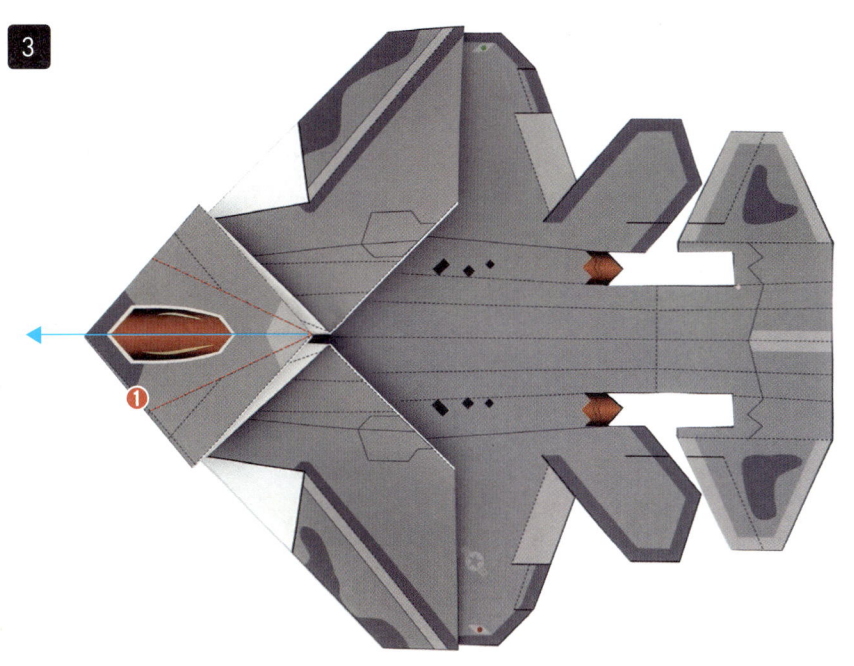

3

❶ 기수를 접습니다. 학 접기 방법은
이제 능숙해지셨죠?

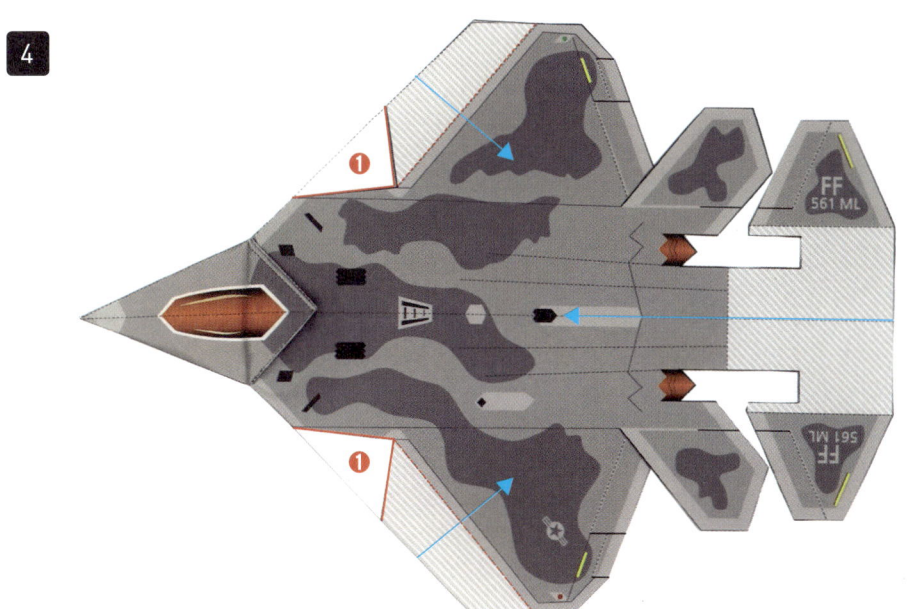

❶ 자르고
❷ 접어 붙이고
❸ 수직 꼬리날개 부분도 동체
쪽으로 접어 붙입니다.

❶ 동체를 마무리합니다. 전체를 안쪽으로
접고
❷ 바깥쪽으로 접고
❸ 안쪽으로 접습니다.

완성된 모습입니다.

멋진 활공을 위한 팁

❶ F-22는 수직 꼬리날개가 수직이 아닙니다. 수직 기준으로 30도, 수평 기준으로는 60도 기울어져 있습니다. 이는 레이더에 최대한 잡히지 않도록 동체에 부딪힌 레이더가 직각으로 반사되어 돌아가는 면적을 최소화한 것입니다.

❷ 표시한 부분이 잘려있지 않다면 칼로 자릅니다. 앞날개의 플랩과 수평 꼬리날개의 승강타, 수직 꼬리날개의 방향타를 활용해서 다양하게 기동하도록 날려보세요. F-22는 동체 부분까지도 날개 역할(동력 없는 활강 비행)을 하기에 제일 안정적으로 날아가며, 또한 제일 멀리 날릴 수 있는 기종이기도 합니다.

F-35 대한민국 공군 버전
라이트닝 II Lightning II

제작사	록히드 마틴(미국)
형식	스텔스 다목적 전투기
제원	전폭 : 10.67m 전장 : 15.4m
	최고 속도 : 마하 2.0
운영 국가	미국, 영국, 일본 등
무장	20mm 발칸, AIM-7(스패로우) AIM-9(사이드와인더),
	AIM-120(암람), 25mm기관포, AIM-120(암람),
	JDAM, JSOW, HARM, AGM-158(재즘),
	스톰새도우 등

 **전투기 알아보기**

F-35는 스텔스·초음속·수직 이착륙의 3가지 기능을 한 기종에 포함시킨 항공기이자, 미국공군, 해군, 해병대과 영국해군의 요구조건을 전부 만족시키는 전투기이다. 미 공군은 F-16E과 A-10의 대체기F-35A로, 미 해군은 F/A-18의 대체기F-35C로, 미 해병대와 영국 해군은 AV-8해리어의 대체기F-35B로 사용하기 위해 요구했으며 각 버전은 70~80%의 부품 공유가 가능하고, 기능의 차이가 있을 뿐 성능의 차이는 유사하다.

A타입은 가장 일반적인 전투기의 기능 및 형상을 가지고 있으며, 지상 비행장에서 운영이 가능한 모델이다. 스텔스 성능과 초음속 비행기능으로 가장 많은 생산과 판매가 이뤄질 기종이기도 하다. 대한민국 공군에서도 2019년부터 도입하여 2021년 전력화가 예정돼 있다.

B타입은 수직 이착륙이 가능한 전투기로, 활주거리가 짧은 경항모에서 운영 가능한 모델이다.

C타입은 항공모함의 엘리베이터를 사용할 수 있도록 주익이 접히며, 날개 면적과 연료 탑재량이 가장 큰 모델이다.

같은 함재기인데도 B타입과 C타입이 차이를 보이는 것은 미 해병대와 미 해군의 항공모함 차이 때문이다. 미 해병대 항공모함의 주 운영목적은 상륙하는 해병대 병력의 공중 지원 및 강습 상륙함으로의 사용에 있다. 항공모함 사출장치Catapult 등의 이륙보조장치나 활주로 없이 헬리콥터나 V-22오스프리를 탑재한 병력 상륙을 목표로 삼는다. 그 때문에 수직 이착륙이 가능한 함재기를 요구하였던 것이다.

이에 비해 미 해군이 운영하는 항공모함은 활주거리

가 충분히 확보되는 갑판을 가진 대형 항공모함으로, 탑재 항공기의 수만 해도 80대 이상이며, 초계기까지도 이착륙이 가능한 시설과 활주로를 갖추고 있다. 그러므로 수직 이착륙의 기능보다는 갑판 아래에 보관하기 용이한 주익이 접히는 형태의 함재기를 요구했던 것이다.

수직 이착륙 항공기는 활주로가 파괴되거나, 경항공모함 등 활주거리를 확보할 수 없는 비행 운용 상황을 고려해 개발된 것이다. 실전에서 사용 중인 수직 이착륙 항공기로는 AV-8해리어, F-35B라이트닝2, V-22오스프리, Yak-38 등이 있다. 양력의 도움 없이 이륙해야 하므로 항공기의 무게 대비 충분히 큰 추력을 낼 수 있는 엔진 성능이 요구되고, 그에 따라 탑재 가능한 무장량이 제한적이며 연료소비량이 많은 것이 단점이다.

F-35C에 비해 F-35B의 대당 가격이 비싸더라도 항공모함을 운영하고 싶은 국가 입장에서는 전투기 자체보다 전투기의 플랫폼이 되는 항공모함의 개발·운영 비용 차이가 더 크다. 이런 여러 요인으로 인해 작전 환경과 수행개념에 따라 다르게 운영되는 전투기이다.

▲ F-35의 실제 모습

◀ 밀리터리 종이비행기 완성 모습

영상을 보며
따라 접어보세요

1

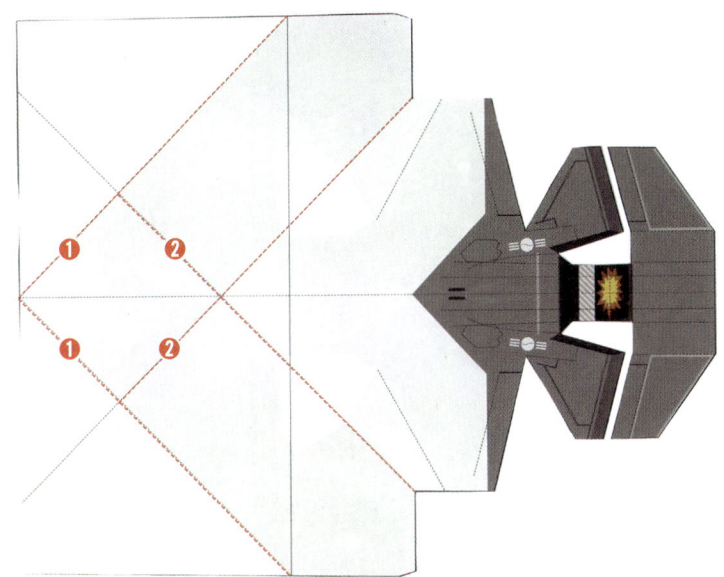

❶ F-35는 이 책을 준비하면서 가장 처음 만들었던 기종입니다. 책 내용을 하나씩 채워나가던 중 우리나라에 정식으로 F-35가 수입되었죠. 그래서 미국의 F-35 버전으로 도색했던 것을 급히 우리나라 버전으로 변경했습니다. 조정석에는 작은 태극기도 그려 넣었으니 꼭 확인해보세요.

접는 과정에서 특별히 다른 부분은 없습니다. F-22와는 90% 동일한 과정이죠. F-22라는 스텔스 전투기가 세상에 나온 후, 육해공군에 보급하기 위해 F-22를 모델로 개발한 것이 F-35라는 것 아시죠?

❶❷ 순서대로 기본 접기를 하고 기수까지 접습니다. 과정 설명은 생략해도 충분히 하실 수 있습니다. <mark>**공통적인 기본 접기** : 8~12페이지 또는 오른쪽 QR코드를 스캔해 영상을 참조하세요.</mark>

기본 접기 방법

2

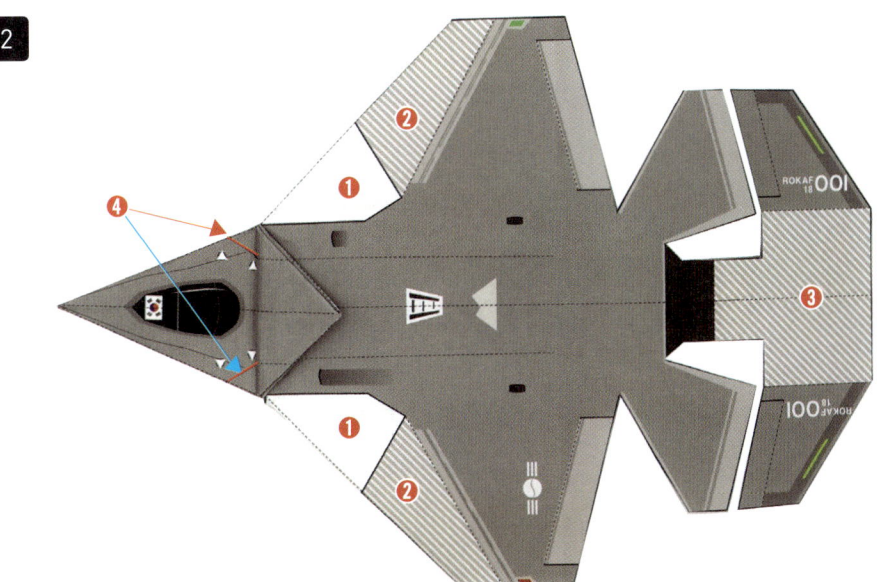

❶ 자르고
❷ 접어 붙입니다.
❸ 접어 붙이고 수직 꼬리날개를 접어 세웁니다.
❹ 이 부분을 칼로 자릅니다. 이 부분만 F-22와 다를 뿐이죠.

3

❶ 선에 맞추어 전체를 접어 내리고
❷ 접어 올립니다.

이미 여러 번 해보셨기 때문에 그려놓은 선에 따라 접어주기만 하면 됩니다.

참고 컷

완성

완성된 모습입니다.

❶ 모든 기종을 접으면서 촬영하다 보니 손에 풀이 많이 묻었나 봅니다. 기수 부분 도색이 벗겨졌어요. 책으로 낼 때는 더 좋은 종이와 품질로 최대한 벗겨지지 않도록 할 것입니다. 여러분이 주의할 점은 저처럼 손에 풀이 묻은 채로 접지 않는 것입니다.
❷ 앞날개의 상판과 하판이 떨어져 있습니다. 이 부분이 보기 싫으므로 붙여주시면 됩니다.

F-14

톰캣 Tomcat

제작사	그러먼(미국)
형식	가변익 다목적 전투기
제원	전폭 : 11.4~19m 전장 : 18.6m
	최대이륙중량 : 32.8ton
	최고 속도 : 마하 2.3
운영 국가	미국(2006년 퇴역), 이란
무장	20mm 발칸, AIM-54(피닉스), AIM-7(스패로우), AIM-9(사이드와인더), GBU-10, GBU-38, JDAM, Mk-84 등

 ## 전투기 알아보기

1974년 9월 최초 작전 운용을 시작으로 2006년 9월 퇴역하기까지, 미 항공모함의 엄호 전투기로써 역할을 충분히 수행했던 기종이다. 현재는 F/A-18이 F-14를 대신하여 활약하고 있다.

F-14 무장의 특징은 사거리에 맞는 무장을 골라서 쓸 수 있다는 데 있다. 강력한 화력 제어 레이더AN/AWG-9와 장사정 공대공 미사일AIM-54(Phoenix)을 운용해 장거리에서 접근하는 적의 항공기를 요격하기 시작하여 중사정 공대공 미사일AIM-120(AMRAMM), 단사정 공대공 미사일AIM-9(Sidewinder)과 기관포를 이용해 접근하는 적의 항공기를 점차적으로 공격한다. 함재기가 맞나 싶을 정도로 큰 무장량을 자랑하는 전투기이다. 특히 AN/AWG-9 레이더는 단일표적에 대해서는 약 210km, 복수표적에 대해서는 165km 거리에서 탐지가 가능하며, 동시에 24개의 표적을 추적할 뿐 아니라 AIM-54 미사일 6발을 동시에 발사할 수 있는 공격 능력을 보유하고 있다.

영상을 보며
따라 접어보세요

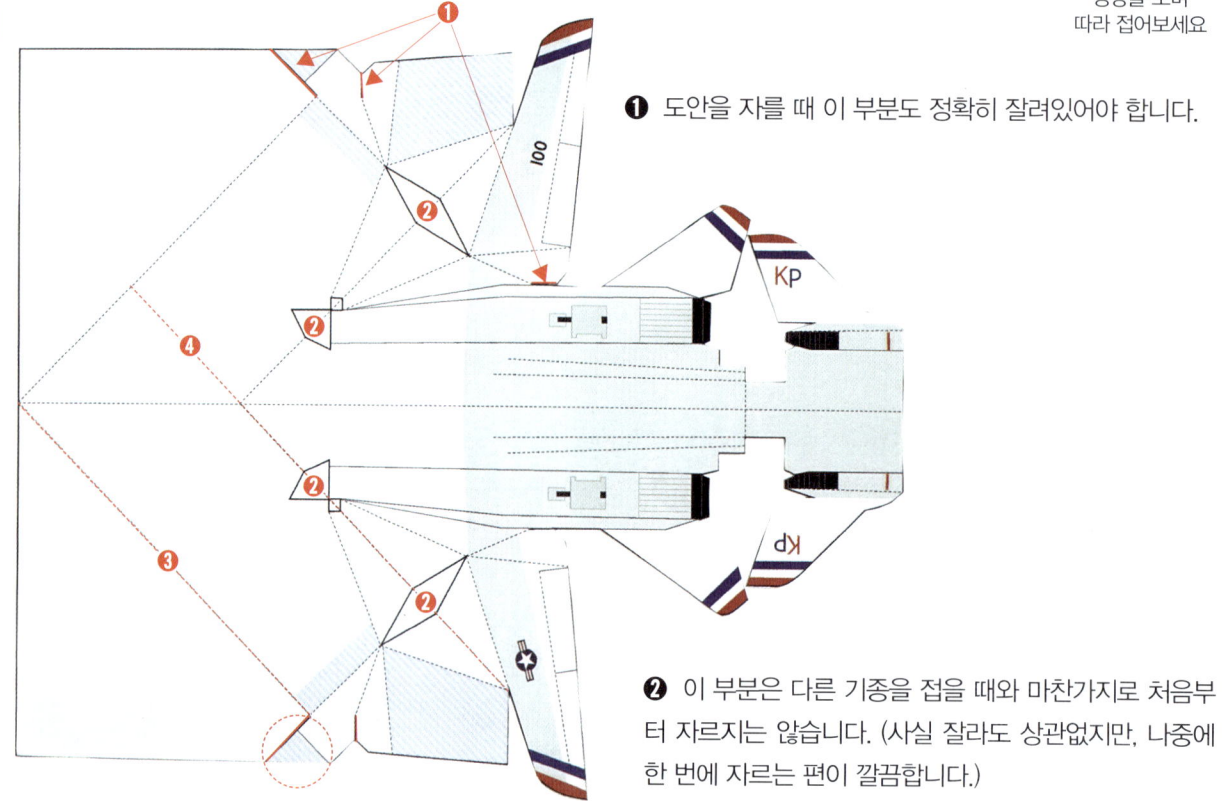

❶ 도안을 자를 때 이 부분도 정확히 잘려있어야 합니다.

❷ 이 부분은 다른 기종을 접을 때와 마찬가지로 처음부터 자르지는 않습니다. (사실 잘라도 상관없지만, 나중에 한 번에 자르는 편이 깔끔합니다.)

❸ 기본 접기를 시작합니다. 동그라미 친 부분은 접지 않습니다. 접는 선을 보고, 주의해서 접습니다.

공통적인 기본 접기 : 8~12페이지 또는 오른쪽 QR코드를 스캔해 영상을 참조하세요.

❹ 두 번째로 접는 부분을 표시했습니다.

기본 접기 방법

❷

❶ 바깥쪽에도 선이 표시되어 있으니 주의해서 접습니다. F-14는 특히 꼼꼼하게 접어야 완성했을 때 예쁩니다.

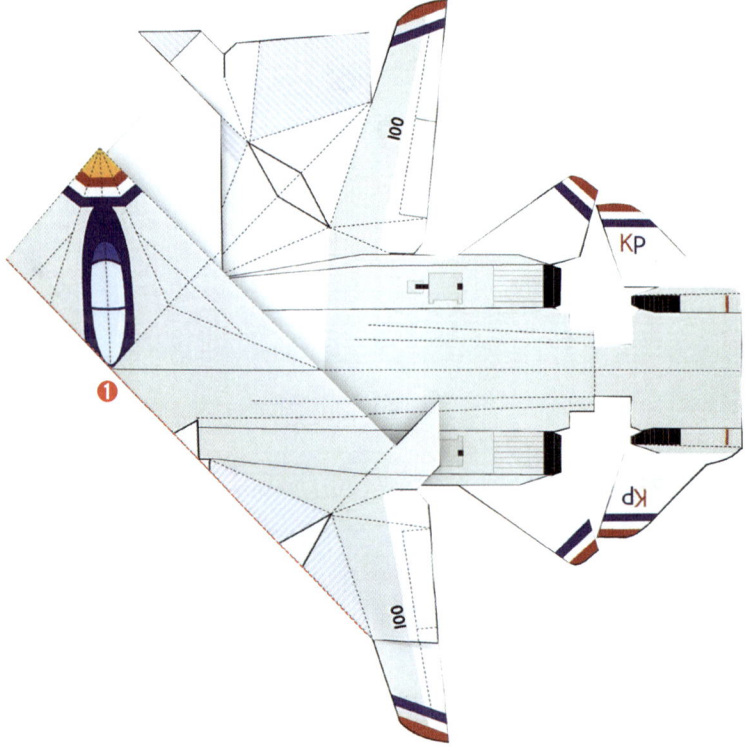

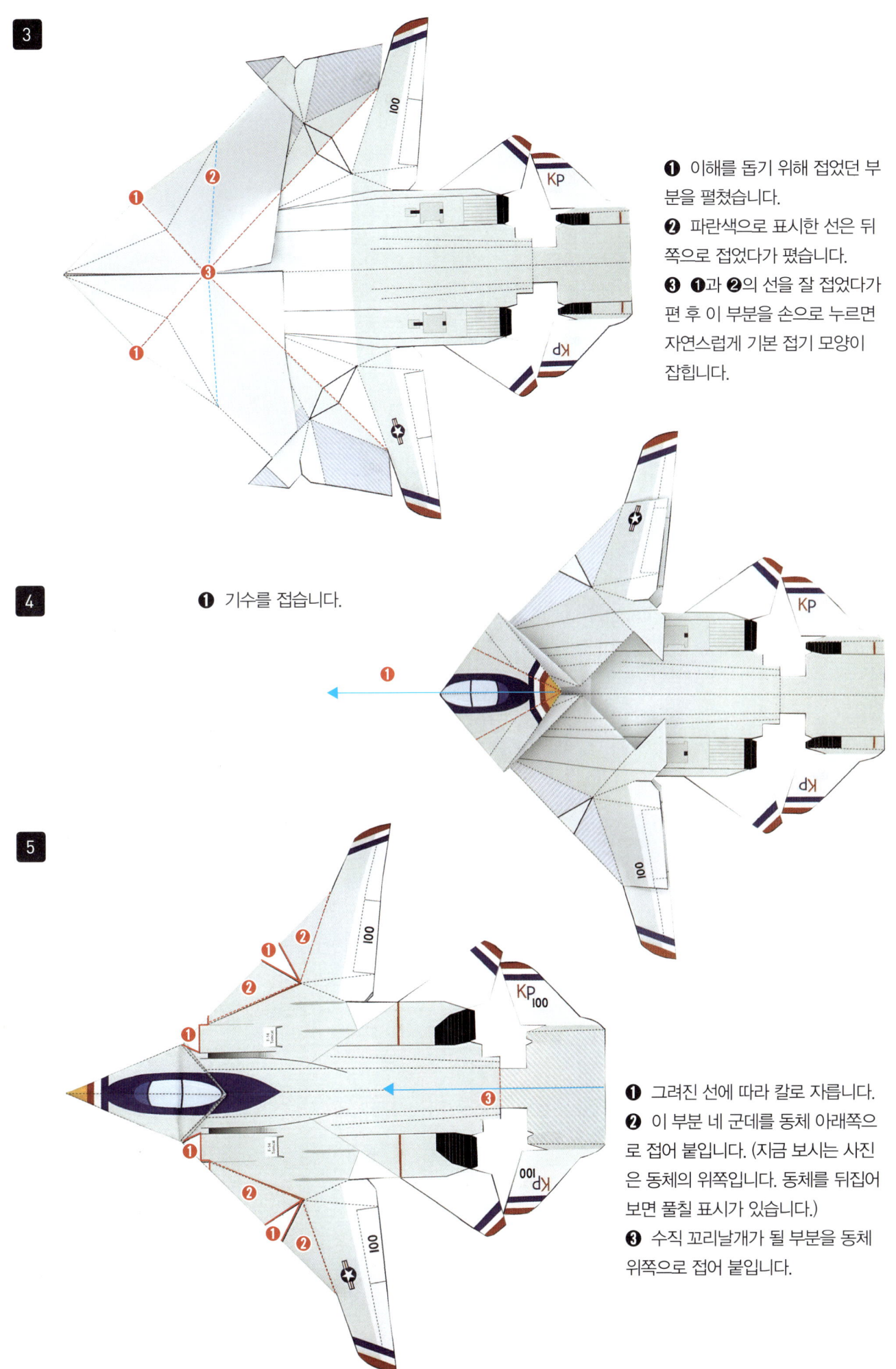

3

❶ 이해를 돕기 위해 접었던 부분을 펼쳤습니다.

❷ 파란색으로 표시한 선은 뒤쪽으로 접었다가 폈습니다.

❸ ❶과 ❷의 선을 잘 접었다가 편 후 이 부분을 손으로 누르면 자연스럽게 기본 접기 모양이 잡힙니다.

4

❶ 기수를 접습니다.

5

❶ 그려진 선에 따라 칼로 자릅니다.

❷ 이 부분 네 군데를 동체 아래쪽으로 접어 붙입니다. (지금 보시는 사진은 동체의 위쪽입니다. 동체를 뒤집어 보면 풀칠 표시가 있습니다.)

❸ 수직 꼬리날개가 될 부분을 동체 위쪽으로 접어 붙입니다.

6

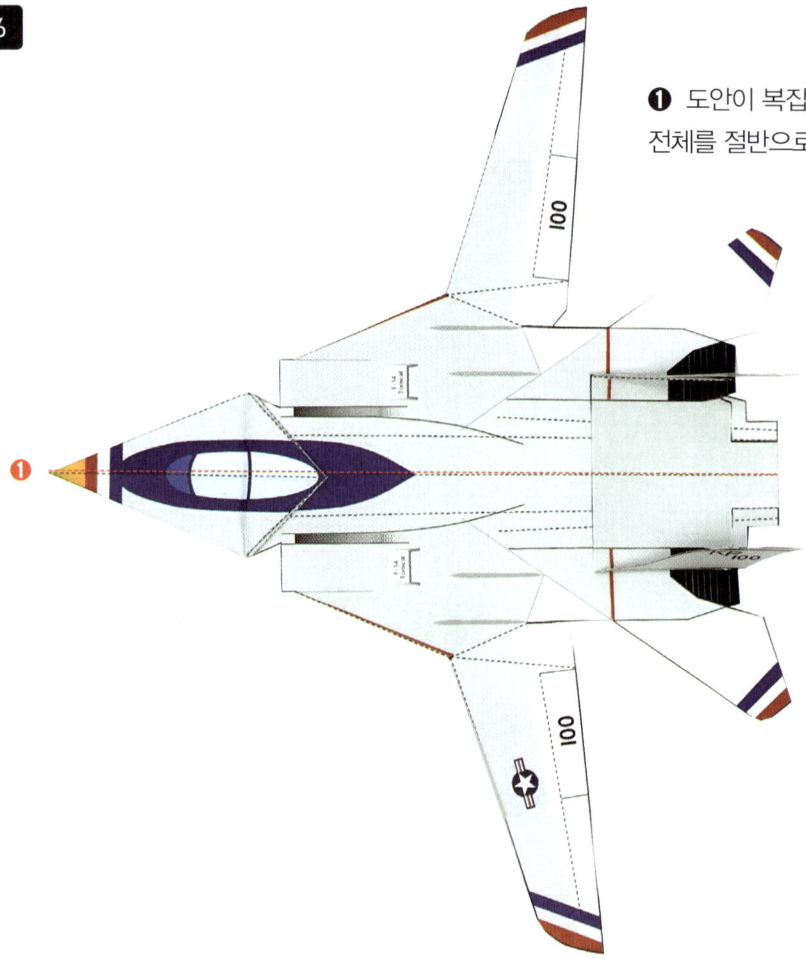

❶ 도안이 복잡해보였지만 벌써 마무리 단계입니다. 동체 전체를 절반으로 접습니다.

7

❶ 다른 기종을 접을 때와 마찬가지로 전체를 아래로 접고
❷ 위로 한 번 접습니다.
❸ 동그라미 친 부분이 접히지 않도록 주의합니다.
가변익을 만들고 나서 동체에 붙일 부분입니다.

완성

완성된 모습입니다.

8 아무래도 톰캣의 묘미는 가변익이니 날개를 접어보도록 하겠습니다.

❶ 하늘색 부분이 동체 안쪽으로 접혀 들어가는 방식입니다. 안쪽으로 접히는 방향을 파란색 화살표로 표시하였습니다.

❷ 동체를 뒤집어서 다시 설명하겠습니다.

9

❶ 동체 윗부분과 동일하게 접혀 들어가는 부분이 아래쪽에도 있습니다. 어떻게 접혀 들어가는지 다음 사진을 봐주세요.

10

❶ 사진상의 오른쪽 날개는 날개를 접기 전입니다. 접히는 선을 표시했습니다.

❷ 왼쪽 날개는 접고 있는 과정을 보여줍니다. 오른쪽 날개와 비교하여 같은 방향으로 접히는 부분을 초록색과 붉은색 선으로 표시했습니다.

❸ ★표를 초록색 화살표를 따라 안쪽으로 집어넣으면 됩니다. 한 쪽만 접고, 다음 사진을 봐주세요.

11

❶ 사진상의 왼쪽 날개를 접었습니다.

❷ 오른쪽 날개는 접기 전이군요. 다시 설명해보겠습니다. 주황색으로 표시된 별 2개가 보이죠? 이 별 부분을 초록색 별 쪽으로 밀어 넣습니다.
이때 자연스럽게 붉은색 하트 부분은 위로 벌어집니다. 마찬가지로 이때 하늘색 하트 부분은 아래쪽으로 벌어집니다. 즉, 날개 윗판과 아래판 사이로 주황색 별 부분이 들어가면 되는 것이죠.

이 부분은 가변익을 완전히 이해한 후 살짝 붙여주면 보기에 더 깔끔합니다.

간단히 말해 날개 위아래를 벌리고 그 사이로 날개를 접어 밀어 넣어주면 됩니다. 설명이 어려워 보이지만 막상 해보면 정말 쉽습니다.

12

❶ 날개를 접었을 때 동체 위쪽의 완성된 모습입니다.

※ 날개를 너무 자주 접었다 폈다 하지 마세요. 종이는 약하기 때문에 금방 망가지게 된답니다. 대신 전시용과 놀이용으로 따로 사용할 수 있게 도안을 2개 넣어 드렸으니 접은 모습, 펼친 모습을 따로 전시해두는 것도 좋겠네요.

실제 F-14 톰캣은 가변익의 내구도 문제와 유지보수 문제로 퇴역하였답니다. 여전히 인기가 많은 기종이긴 하지만요. 전투기도 가변익 내구도에 문제가 있는데, 심지어 우리는 종이로 만드니 아무래도 내구도가 더 약할 수밖에 없겠지요.

완성

거치대에 전시한 모습입니다.

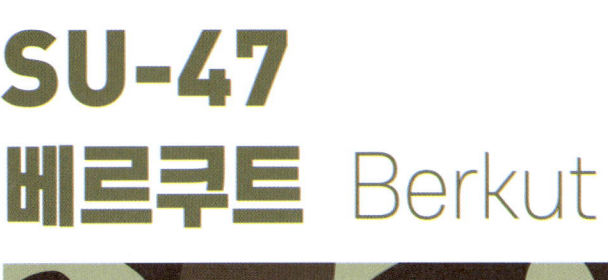

SU-47
베르쿠트 Berkut

제작사	수호이(러시아)
형식	실험 전투기
제원	전폭 : 16.7m 전장 : 22.6m
	최대이륙중량 : 35ton
	최고 속도 : 마하 1.6
운영 국가	러시아
무장	30mm기관포, R-77, R-73, K-74, X-29L, X031P, KAB-1500 등

 **전투기 알아보기**

5세대 전투기인 미국의 F-22를 견제하기 위한 러시아의 차기 전투기 계획 I-90 프로그램에 의해 개발된 실험 전투기이다. 미국의 연구용 전투기 X시리즈와는 다르게 기총이나 실무장 장착이 가능한 모델로, 1997년 초도 비행을 시작했다. 러시아의 5세대 전투기 개발 사업이 I-90에서 PAK FA 프로그램으로 변경되면서 양산되지 못하고 1대 생산에 그쳤으나 PAK FA에서 수호이가 사업자로 선정되면서 Su-47의 기술을 활용하여 이를 기반으로 Su-57을 생산, 시험 운영 중에 있다.

Su-47의 특징은 전진익이라는 독특한 외형에 있지 않을까? 구조적인 불안정성 때문에 실전기에 도입되기 힘들었던 전진익 형상을 주익의 복합재 비율 90%라는 획기적인 설계로 완성할 수 있었다. 이렇게 전

진익이 적용된 Su-47은 고받음각 상황에도 실속에 대한 부담이 적어 고기동성을 보장할 수 있다. 또한 조종면 전체가 움직이는 슬랩수직 꼬리날개를 적용하여 더욱 우수한 기동성을 자랑한다. 근접전투도그파이팅 능력만 따지고 보면 Su-47에 견줄 만한 전투기가 있을까 싶다. 그러나 Su-47을 기반으로 생산되는 Su-57의 경우 전직익이라는 트레이드 마크를 제외하게 되었다. 높은 생산단가와 불충분한 스텔스 기능의 단점 때문이다.

영상을 보며
따라 접어보세요

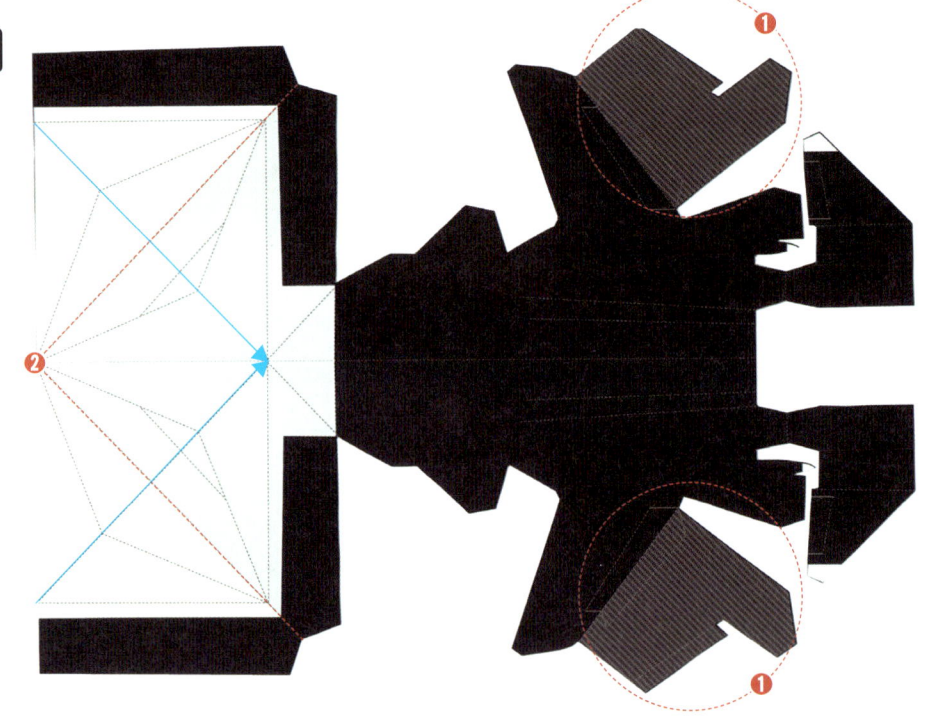

Su-47은 전진익기라는 특징을 가지고 있습니다. 전진익기의 특성상 앞쪽으로 향해 있는 날개가 많은 물리적 힘을 받게 됩니다. 종이로 만들어도 마찬가지이기 때문에 날개를 보강할 필요가 있습니다.

기본 접기 방법

❶ 그래서 접는 과정 자체는 크게 다르지 않지만, 동그라미 친 부분처럼 날개를 강화하기 위한 부분을 따로 준비했습니다. 접고 붙이면 되는 것이라 어렵지 않습니다.

❷ 표시한 선에 따라서 기본 접기를 합니다. **공통적인 기본 접기 : 8～12페이지 또는 위의 QR코드를 스캔해 영상을 참조하세요.**

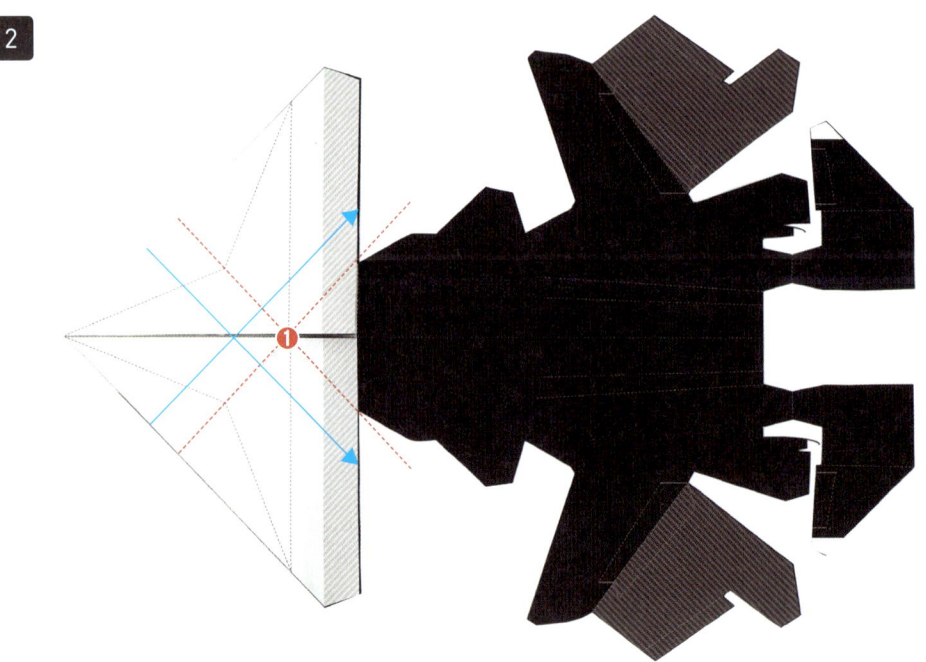

❶ 표시한 선과 화살표에 따라 기본 접기 두 번째 과정을 진행합니다.

3

❶ 특이사항은 없으므로 아는 방법대로 기수를
접습니다.

4

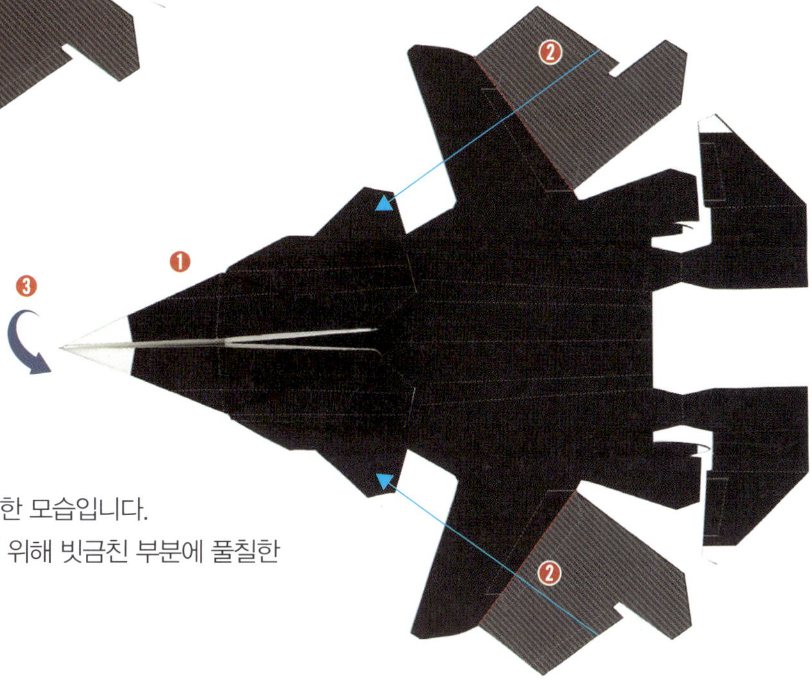

❶ 기수 부분까지 기본 접기하여 완성한 모습입니다.
❷ 날개를 두 겹으로 만들어 강화하기 위해 빗금친 부분에 풀칠한
후 화살표 방향으로 붙입니다.
❸ 도안을 뒤집습니다.

5

❶ 날개 앞에 빗금 친 부분이 보입니다.
풀칠은 이전 과정에서 했으므로 날개 위
쪽으로 접어 붙입니다. 이렇게 하면 날개
의 앞부분은 종이가 3겹이 됩니다. 비행
할 때 힘을 가장 많이 받는 부분을 강화
하기 위한 것입니다.
❷ 좌우 수직 꼬리날개가 될 부분을 동
체 위쪽으로 접어 붙이고 세웁니다.

① 동체를 접어 마무리하면 됩니다. 선이 잘 보이지 않을 수도 있으니 사진으로 보여드리겠습니다.

7

① 노란선을 따라 접어 내리고, 붉은 선을 따라 90도 접어 올립니다. 그동안 계속 해왔던 방식이니 어렵지 않을 것입니다. 반대쪽도 동일하게 해주면 끝납니다.

완성

① 완성되었습니다. 수평 꼬리날개를 위쪽으로 30도 정도 세워주면 잘 날아갑니다.
② 앞날개 플랩의 각도를 왼쪽 날개는 아래로, 오른쪽 날개는 위로 조금씩만 조정해서 날려보세요. 어떻게 될까요? 왼쪽 날개 플랩을 아래로 꺾으면 공기의 저항 때문에 위쪽으로 힘을 받습니다. 반대로 오른쪽 날개는 아래쪽으로 힘을 받겠죠? 따라서 동체는 비행하는 방향을 뒤에서 봤을 때 시계 방향으로 회전합니다.

전투기가 좌우로 방향을 바꿀 때는 수직 꼬리날개의 방향타뿐만 아니라 이처럼 앞날개의 플랩 각도로 동체 전체를 비행하는 방향으로 회전시킵니다. 우회전할 때는 시계 방향, 좌회전할 때는 반시계 방향이죠. (사실 그 역할을 하는 부분은 비행기마다 따로 있지만 여기에서는 플랩으로 그 기능을 사용합니다.)

◆ 전진익기는 날개가 앞을 향해 있기 때문에 플랩이 다른 전투기보다 무게 중심 쪽으로 향해 있습니다. 그렇기에 작은 움직임에도 더 큰 영향을 받습니다. 기동력은 좋은 반면, 많은 힘을 받는 앞날개의 내구도 문제로 인해 많은 전투기에 채택하기 어려운 것이 사실입니다.

SR-71 블랙버드 Blackbird

제작사	록히드마틴(미국)
형식	전략 정찰기
제원	전폭 : 16.94m　　전장 : 32.74m
	최대이륙중량 : 78ton
	최고 속도 : 마하 3.3
운영 국가	미국

전투기 알아보기

지금도 미 공군에서 운영 중인 고고도 정찰기 U-2가 1960년 26km 상공에서 소련군 대공 미사일에 격추되자 미 공군은 소련의 대공 미사일보다 빠른 정찰기를 개발하게 된다. 그 결과 탄생한 SR-71은 1964년에 개발·배치된 미 공군의 초음속·고고도 전략 정찰기로, 실전 배치된 것 중 가장 빠르고 가장 높이 나는 유인 비행기이다. 물론 MiG-25도 마하 3의 비행속도를 보이지만, 이는 순간 최대속도이며 지속적인 순항비행은 할 수 없다. 또, 속도 면에서 X-43, X-15 등 마하 7 이상으로 비행하는 비행체가 있으나 이는 무인 비행체이거나 비행기보다는 로켓엔진을 단 우주선이지 비행기로 보긴 어렵다.

SR-71이 비행하는 26km 상공의 대기온도는 -53℃이지만 마하 3으로 비행하면 발생하는 마찰열로 인해 기체 표면의 온도가 300℃까지 상승한다. 이러한 마찰열로부터 기체를 보호하기 위해 기체 전체가 티타늄으로 제작돼 있으며, 각 부품의 열팽창으로 인

한 영향을 줄이기 위해 각 부품은 유격을 두고 제작됐다. 또한 JP-7이라는 SR-71 전용 항공유를 사용해야 하며, 고속비행을 유지하며 공중 급유해주기 위한 전용 공중 급유 항공기인 KC-135Q를 별도 운영해야 한다. 이러한 이유로 과다하게 발생하는 비용 문제, 대공 미사일 성능의 발달, 인공위성을 통한 정찰활동 증가 등의 이유로 1968년 조기퇴역하여 현재는 LA의 캘리포니아 사이언스 센터와 시애틀의 비행기 박물관The Museum of Flight 등에 전시 중이다.

재미있는 사실은, 미국 박물관에 전시돼 있는 SR-71 기체는 모두 훈련용이었거나 외관이 비슷한 M-21이란 것이다. 실제 작전에 운용됐던 SR-71은 전용 공구까지 전량 파기되었다.

영상을 보며
따라 접어보세요

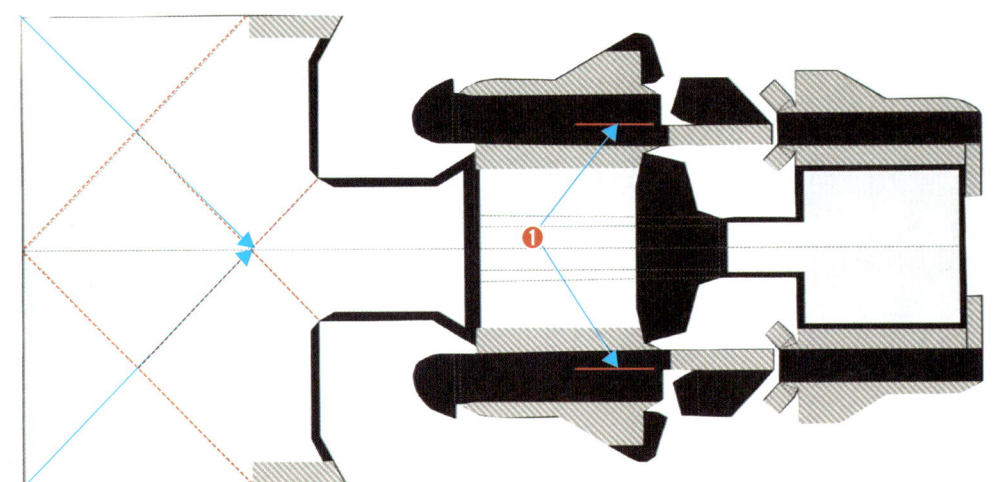

드디어 마지막 기종인 SR-71입니다. 제 블로그에 처음 포스팅할 때도 설계부터 포스팅까지 10시간 정도 걸렸던 어마어마한 녀석입니다. 사실 SR-71을 이 책에 넣을지 말지 많이 고민했습니다. 많은 조각으로 나누어 만들고 붙이는 방식으로 하면 비교적 쉽지만, 최대한 한 조각 안에서 만들어내는 것이 저의 목표이기 때문에 도안의 퀄리티를 더 이상 높이기가 어려웠습니다. 또한 작은 부분을 만들 때는 손재주가 필요하기도 합니다. 그럼에도 이 책에 수록하기로 최종 결정한 이유는 블로그에서 본 많은 분들의 응원 덕분입니다. 과정 자체가 어렵지는 않지만, 오밀조밀한 작은 부분에서 인내심이 다소 요구됩니다. 하지만 만들고 나면 그만큼의 보람이 있을 것입니다.

❶ 도안을 자를 때 이 부분도 칼질을 해둬야 합니다. 도안에 선으로 표시되어 있으니 잊지 말고 칼로 잘라주세요.
❷ 그동안 해왔던 것과 동일한 방법으로, 기본 접기와 학 접기를 이용해 기수 부분을 우선 완성합니다.

공통적인 기본 접기 : 8~12페이지 또는 오른쪽 QR코드를 스캔해 영상을 참조하세요.

기본 접기 방법

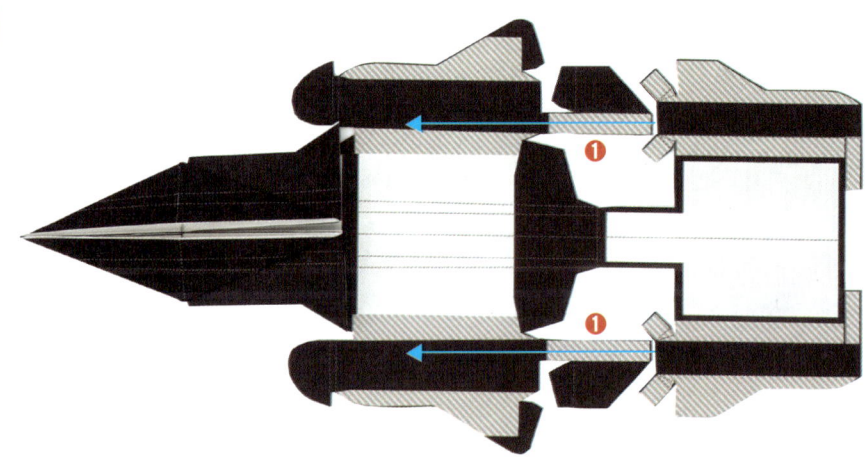

❶ 수직 꼬리날개를 화살표 방향으로 접습니다. 풀칠은 아직 하지 않는 것이 좋습니다.

3

❶ 동체 엔진의 위쪽에 칼로 미리 자른 부분이 있습니다. 그 공간으로 수직 꼬리날개를 집어넣습니다. 위 사진처럼 수직 꼬리날개의 뒷부분을 먼저 넣고 앞부분을 마저 넣으면 쉽게 들어갑니다. 이미 반 이상 들어간 수직 꼬리날개의 전체 모양을 흰색 선으로 표시하였습니다.

❷ 넣는 방법을 확인하였으면 다시 빼서 풀칠한 후 완전히 넣어 붙입니다.

4

❶ 뒤집어서 보면 수직 꼬리날개가 올라와 있는 것을 확인할 수 있습니다.

5

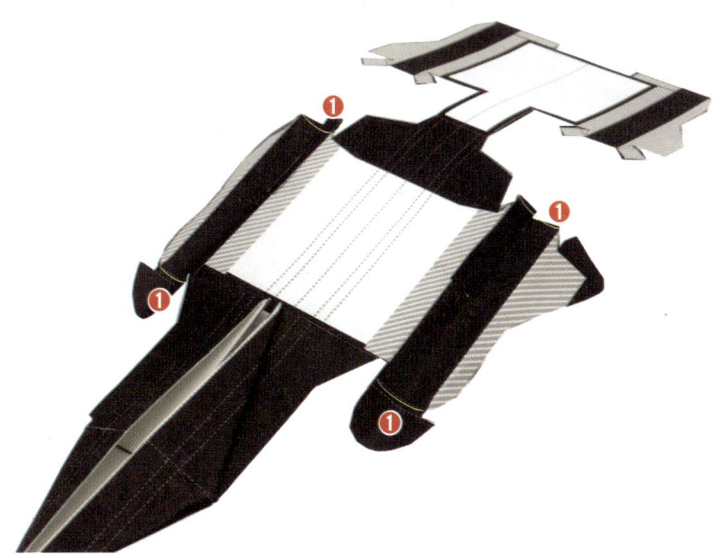

❶ 이번에는 엔진을 동그랗게 말아줍니다. 얇은 볼펜 같은 것을 이용하거나 동그란 젓가락도 괜찮습니다. 도구를 사용하든, 손을 사용하든 둥글게 반원 모양으로 말아줍니다.

6

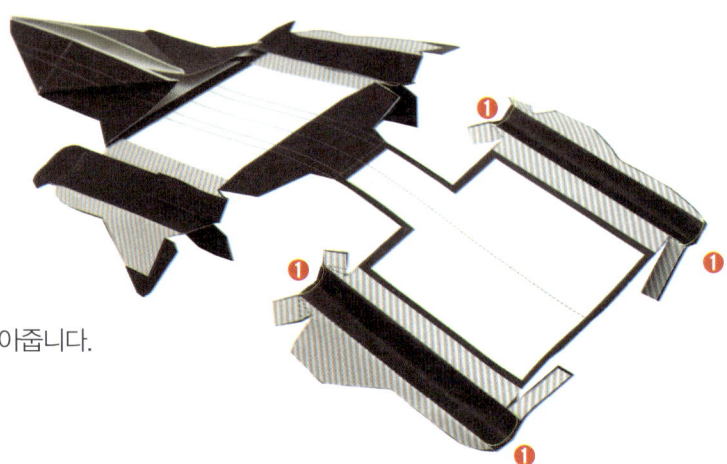

❶ 엔진의 아랫부분이 될 이 부분도 동그랗게 말아줍니다.

7

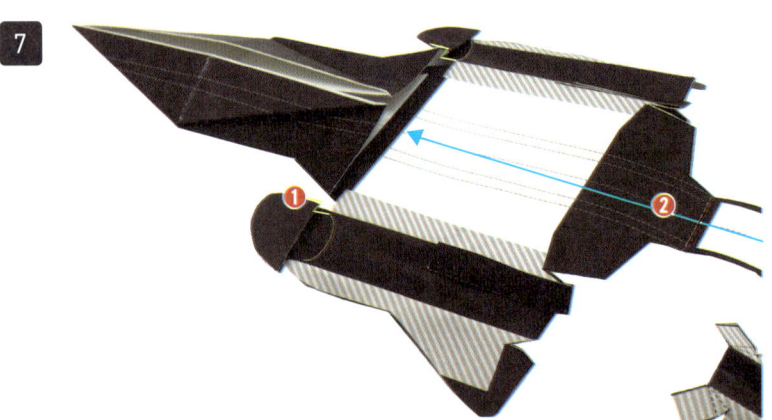

❶ 그다음 다시 엔진의 앞부분에서 공기흡입구를 도안에 그려진 선에 맞추어 안쪽으로 한 번 접고, 다시 바깥쪽으로 한 번 접습니다. 사진에 접히는 모양을 선으로 표시했습니다.
엔진을 둥글게 마는 작업을 먼저 하고 뒤이어 공기흡입구를 만드는 이유는, 이미 둥글게 말려 있는 모양에 따라 흡입구를 말아주기가 쉽기 때문입니다.
❷ 상판과 하판을 마주 보게 접습니다.

8

❶ 빗금 친 부분은 상판과 하판이 맞물리는 부분입니다.
❷ 노란색 동그라미로 표시한 부분은 상판과 하판이 맞물릴 때 엔진 앞과 뒷부분을 더욱 견고하게 만들기 위한 곳입니다. 상판과 하판이 잘 맞물리도록 하고(아직 풀로 붙이지는 않습니다.) 동그라미로 표시한 여섯 부분을 상판 쪽으로 접습니다. 다음 사진을 보면 쉽게 이해될 것입니다.

9

❶ 동체 위쪽에서 동그라미 친 여섯 부분이 어떻게 역할을 할지 보이시죠?

10

❶ 상판과 하판에 각각 빗금 친 부분이 있습니다. 빗금 친 부분끼리 만나서 붙으면 됩니다. 양쪽에 풀을 바를 경우 너무 무거워질 우려가 있으므로 한쪽 면에만 풀칠한 후 상판과 하판을 붙입니다.

11

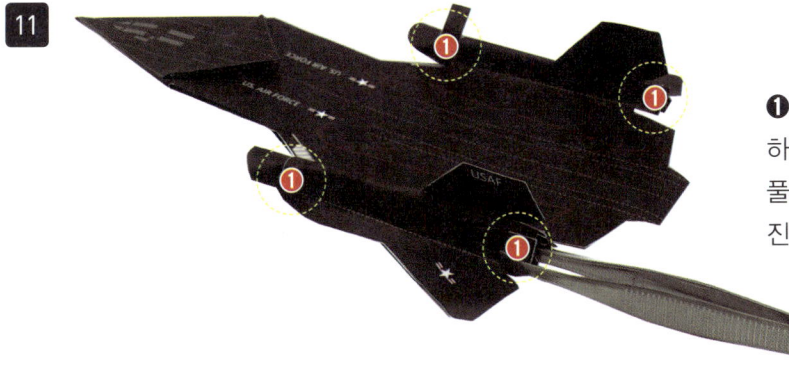

❶ 앞에서 엔진의 앞부분과 뒷부분의 결속을 강화하려는 목적을 가진 여섯 군데가 있었죠? 거기도 풀칠하여 엔진 앞, 뒷부분의 둘레를 강화합니다. 사진처럼 핀셋을 이용해서 잘 붙도록 붙입니다.

12

❶ 엔진의 뒷부분이 동그라미가 아닌 삼각형이 되어 있을 것입니다. 핀셋을 이용해서 동그랗게 말아줍니다. 동체를 모두 마무리한 다음 다시 정비해줄 것이므로 우선은 대충 말아도 됩니다. (동체 전체를 접는 단계에서 아무래도 엔진의 동그란 부분이 흐트러질 수밖에 없겠죠?)

13
❶ 동체를 먼저 마무리하겠습니다. ❶번선을 따라 아래로 접어 내린 후 ❷번 선을 따라 90도 접어 올립니다. 그동안 해왔던 방법과 동일합니다. 사진에는 접는 선이 반만 표시되어 있지만, 도안의 동체 상단 쪽에 기준점이 있으니 동체 상단 선을 참고하시면 됩니다.

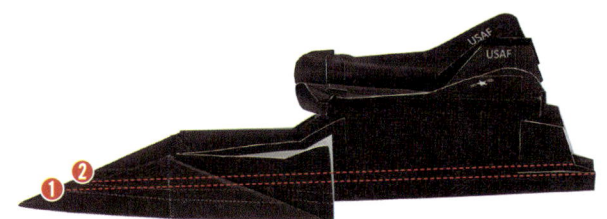

14

❶ 동체 위쪽에 표시된 첫 번째 선과
❷ 두 번째 선을 확인할 수 있습니다. 이 선을 따라 동체를 마무리하면 됩니다.

15

❶ SR-71 블랙버드의 수직 꼬리날개는 직각이 아닙니다. 동체 안쪽으로 약간 기울어 있으니 사진처럼 안쪽으로 각도를 맞춰줍니다.

❷ 엔진의 앞부분, 공기 흡입구를 고깔 모양으로 말아주어야 합니다. 다음 사진을 참고하세요.

16

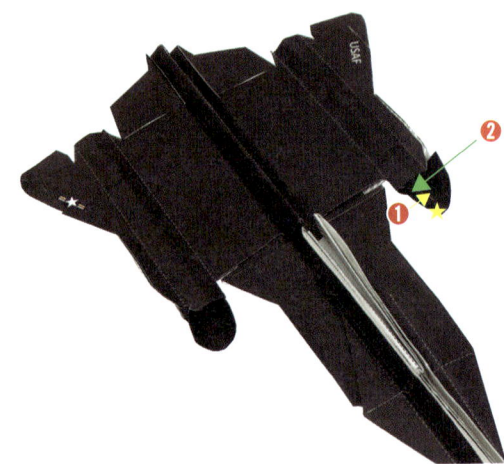

❶ 핀셋을 이용해 안쪽 부분을 먼저 말아줍니다. 고깔 모양을 상상하며 ★ 표시한 부분이 뾰족해지도록 말면 됩니다.

❷ 바깥 부분이 ❶에 먼저 말았던 부분을 덮도록 말아줍니다. 다음 사진을 참고하세요.

17

❶ 앞쪽이 뾰족하게 말린 것을 볼 수 있습니다. 풀로 붙이지 않아도 벌어지지 않지만, 붙이면 더욱 견고해질 것입니다.

❷ 반대쪽도 말아줍니다.

❸ 이 부분이 동체와 떨어져서 떠 있을 것입니다. 들춰보면 안쪽에 풀칠 표시가 되어 있으니 동체에 깔끔하게 붙입니다.

완성

전체적인 모양을 다듬어주면 완성입니다.

❶ 수평 꼬리날개는 없지만, 동그라미 친 부분을 위로 조금 접어 세워주면 역시 잘 날아갑니다.

쌍둥이처럼 닮은 T-50과 F-16

영화 〈탑건〉 관련 기종들

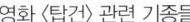

스텔스 전투기들

전 기종 모음

1

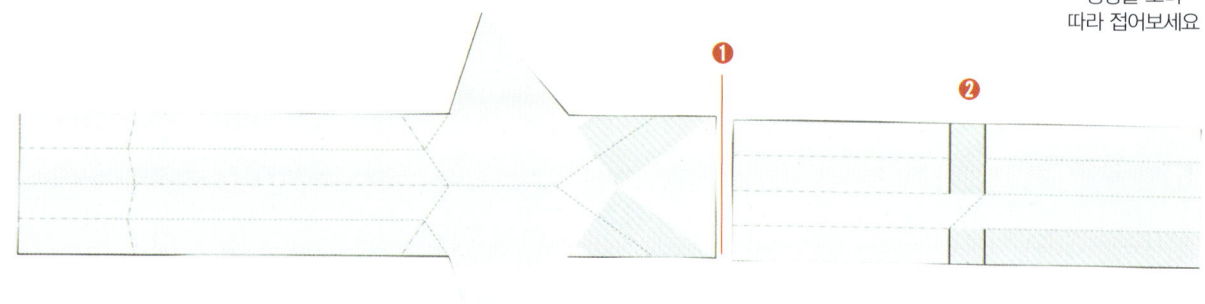

❶ 거치대는 두 조각으로 나누어 나중에 합치는 방식입니다.

❷ 작은 조각을 먼저 만들어보겠습니다.

2

❶ 그림과 같이 네 곳을 칼로 자릅니다.

❷ 위아래 두 영역에 풀칠합니다.

❸ 선을 따라 접습니다. 다음 과정을 참고하세요.

3

❶ 풀칠한 부분이 잘 붙도록 누릅니다.

❷ 도안을 뒤집습니다.

4

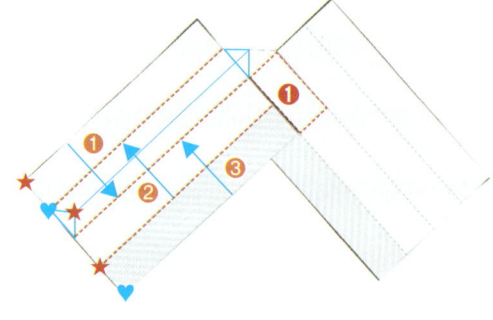

❶ 풀칠한 부분이 잘 붙도록 누릅니다.

❷ 파란색으로 표시한 것처럼 입체적인 모양으로 만들 것입니다. 작은 숫자 순서대로 안쪽으로 접은 후 풀칠한 부분을 붙이기만 하면 됩니다. 접기 전과 접은 후에 만나는 부분을 같은 도형으로 표시하였습니다.

❸ 간단히 말해 김밥 말듯이 말고 마지막 한 면을 붙이면 됩니다.

5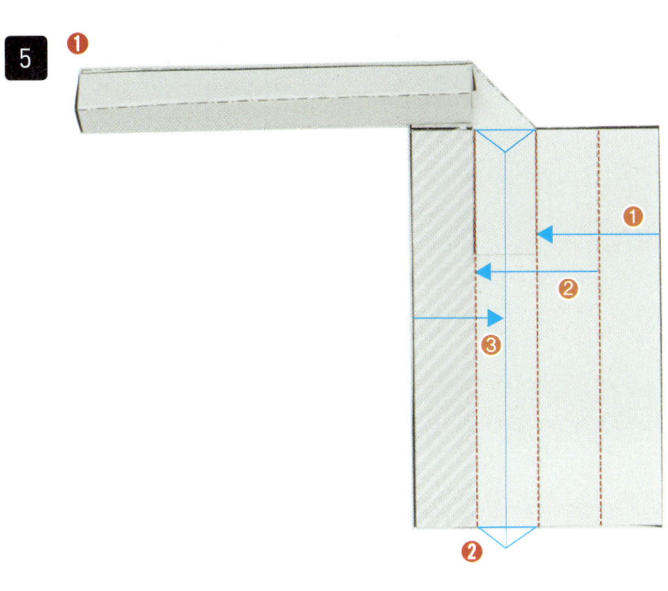

조금 확대해서 보겠습니다.

❶ 바로 앞의 과정에서 만든 부분입니다.

❷ 마찬가지 방법으로 접어 말아서 붙입니다.

6

❶ 잘 붙었다면 뒤집습니다.

7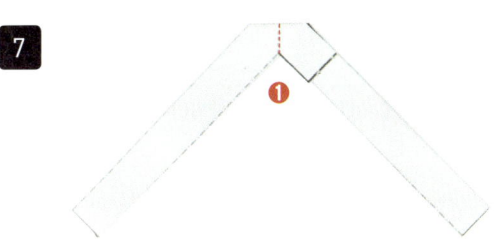

❶ 표시한 부분을 90도 정도 접습니다.

8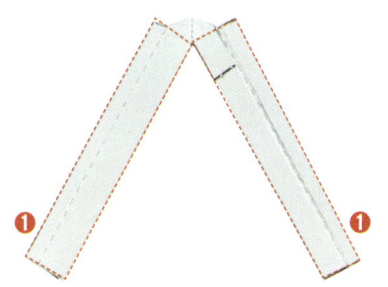

❶ 아랫면에 바닥에 딱 맞을 정도로 조절해주면 됩니다.

9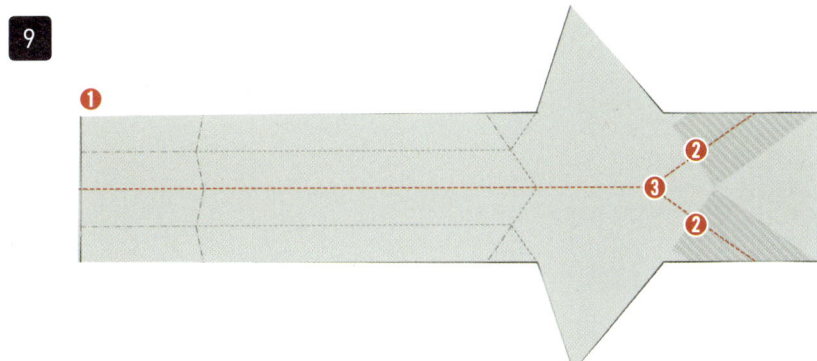

❶ 거치대 기둥 부분을 만들어보겠습니다.

❷ 이 부분은 90도만 접습니다.

❸ 이 곳은 완전히 접습니다.

다음 사진을 참고하세요.

10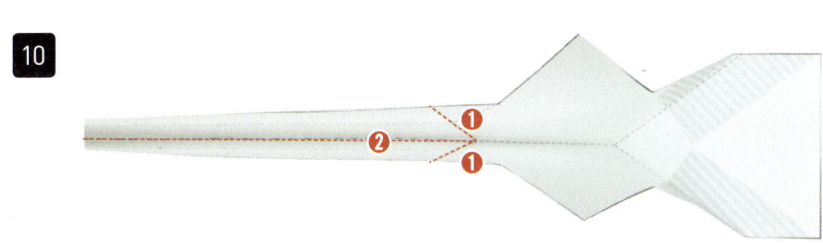

❶ 표시한 부분을 안쪽으로 접습니다.

❷ 그러면 이 부분은 자연스럽게 반대 방향으로 접게 됩니다.

다음의 옆모습 사진을 참고하세요..

11

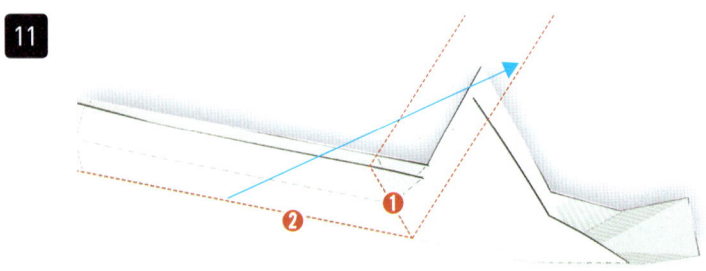

❶ 앞에서 설명드렸던 부분을 측면에서 살펴보겠습니다. 왼쪽 기둥이 되는 부분을 오른쪽 방향으로 접으면 됩니다

❷ 그러면 이 부분은 현재와 반대 방향으로 접히게 됩니다.

12

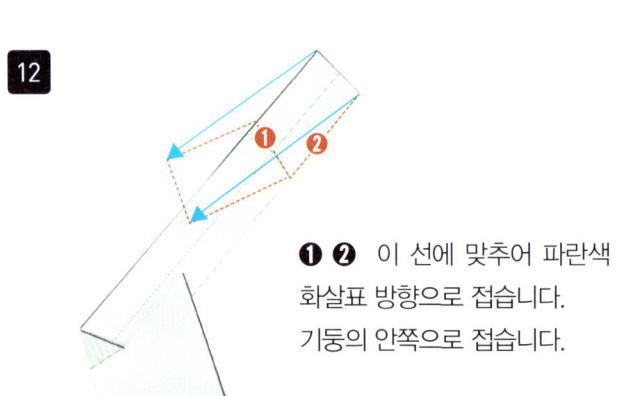

❶ ❷ 이 선에 맞추어 파란색 화살표 방향으로 접습니다. 기둥의 안쪽으로 접습니다.

13

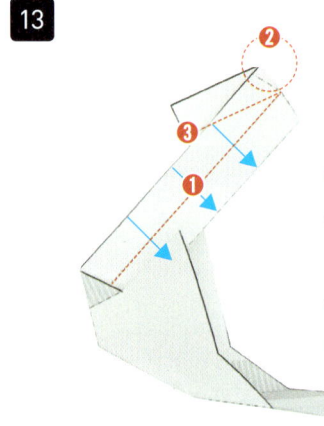

❶ 선에 따라 접습니다.

❷ 붉은색 동그라미 부분은 자연스럽게 따라나옵니다.

❸ 그다음 이 부분을 접을 것입니다.

14

❶ 이 부분을 선에 따라서 접습니다.

❷ 끌려 나온 이 부분도 자연스럽게 접히게 됩니다.

15

❶ 잘 접으셨다면 이런 모습이 됩니다.

❷ 반대쪽 면도 마찬가지로 접습니다.

❶ 이 부분이 벌어져 있을 것입니다. 안쪽에 풀칠 영역이 표시되어 있으니 붙입니다.

16

17

❶ 먼저 만든 다리를

❷ 기둥에 붙입니다.

❸ 풀칠하는 영역을 참고하세요.

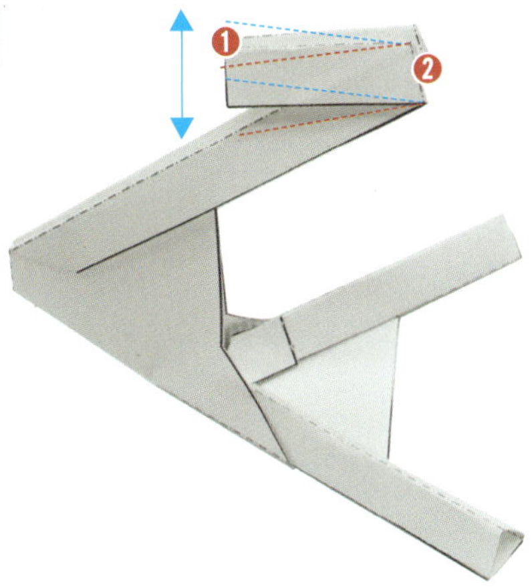

❶ 이 부분의 각도를 위아래로 조절해 전투기 거치 각도를 조절할 수도 있습니다. 붉은색 동그라미 ① 부분을 잡고 위아래로 움직인 다음

❷ 이 부분을 눌러서 마무리해주면 각도 조절하기 쉽습니다.

참고 컷

이해를 돕기 위해 전투기를 뒤집었습니다.

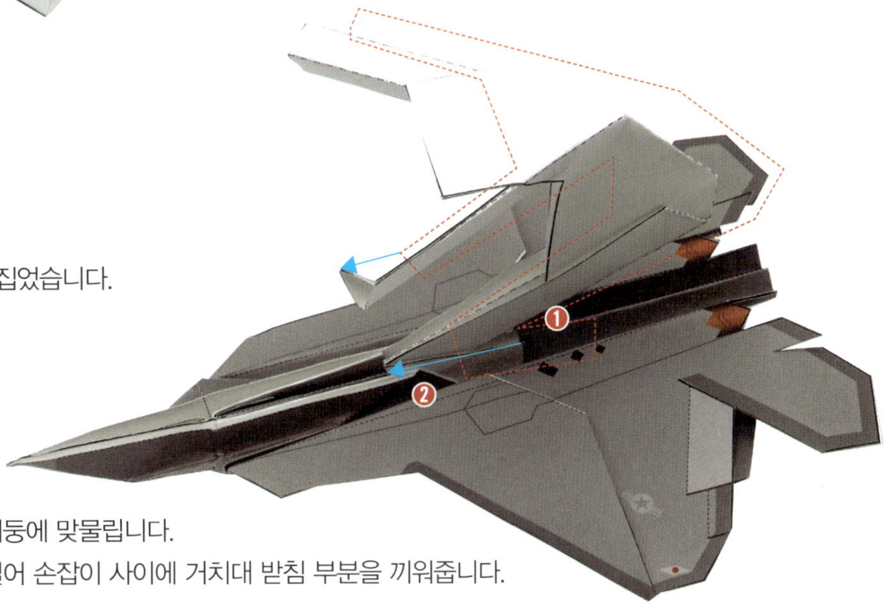

❶ 동체 중앙을 가로지르는 기둥에 맞물립니다.

❷ 파란색 화살표 방향으로 밀어 손잡이 사이에 거치대 받침 부분을 끼워줍니다.

Su-35 기종을 제외하고 모두 이런 방법으로 거치할 수 있습니다. Su-35 기종은 손잡이가 동체에 붙어있어서 꽉 끼울 수는 없지만 거치대 위에 중심을 맞춰 세우면 문제 없이 세울 수 있습니다.
카나드만 붙이고 손잡이는 붙이지 않았다면 동일한 방법으로 끼우면 됩니다.

거치대에 F-22 전투기를 세워보았습니다.

거치대 각도를 위 아래 또는 좌우로 조금씩 움직여서 다양한 모습으로도 거치할 수 있습니다.
좌우로는 너무 움직이면 종이가 약해지므로 조금씩만 움직이는 것이 좋습니다.

FIGHTER

밀리터리 종이 비행기 도안

part 2

military paper fighters pattern

주의사항

도안에 표시된 접는 선과 자르는 선, 보조선은 필자가 실제로 여러 번 접어보며 수정을 거듭하여 완성한 것입니다. 그러나 종이의 두께와 접는 방법, 순서 등에 의해 오차가 매번 발생하였습니다. 같은 도안으로 필자가 접더라도 매번 다른 결과가 나왔습니다. 이 점은 종이접기의 특성으로 이해해야 합니다.

따라서 도안에 표시된 선을 참고하되, 기준선에 맞추려고 노력하기보다는 전체 과정을 생각하며 좌우의 균형을 정확히 맞추도록 하는 것이 더 중요합니다.

특히 주의해야 할 것은 마지막에 동체 전체를 접는 부분입니다. 여기에서 좌우 수평이 흐트러지면 애써 만든 전투기가 회오리처럼 회전하며 추락하게 될지도 모릅니다. 물론 이 또한 플랩과 방향타, 승강타의 조정으로 어느 정도 극복할 수 있지만, 그만큼 바람의 저항이 심해져서 더 멀리 날아가지는 못할 것입니다.

그러므로 이 책의 도안을 잘라서 접기를 시작하기 전에 비슷한 두께의 종이로 한두 번 정도 전체 과정을 접어보는 것이 좋습니다.

준비물

A4종이 접는 과정 자체는 쉽지만, 좌우 수평이 맞도록 접으려면 연습이 필요합니다. 조급하게 서두르지 말고 천천히 연습해보고 실제 도안을 접어주세요. 두꺼운 복사용지보다는 80g 정도의 종이를 추천합니다. (실제로 이 책에 사용된 도안 종이도 모조 80g 입니다.)

커터칼 가위보다는 칼이 자르기 편리합니다. 칼은 날카로우니 다치지 않도록 조심히 다뤄주세요. 어린 친구들은 꼭 부모님에게 도움을 요청하세요. 부모님도 함께하는 것을 더 좋아하실 겁니다.

커팅매트 칼로 자를 때 책상이 다치지 않도록 꼭 커팅매트를 깔고 잘라주세요. 대형마트나 문구류를 파는 매장 대부분에서 구입할 수 있습니다.

자 칼로 자를 때 필요합니다. 자를 대고 정확히 잘라야 모양새도 예쁘고 잘 날아갑니다. 자가 너무 크면 자를 때 불편하니 10~20cm짜리가 좋습니다.

고체 풀 제가 만드는 종이 전투기는 대부분 풀이 필요합니다. 종이에 스며들어 구김을 만드는 물풀보다는 고체로 된 풀을 사용해주세요.

족집게 거의 사용되지 않지만, 작고 세밀한 부분을 만들 때 필요할지도 모릅니다.

전투기가 잘 날지 않아요

빙글빙글 회전하며 날아가요

좌우 날개의 수평이 맞지 않네요. 선풍기 날개처럼 좌우가 비틀어져 있어요. 좌우 날개의 플랩을 조정하여 바로잡을 수 있습니다.

비행기가 왼쪽 방향시계 반대방향으로 회전한다면 오른쪽 날개의 각도양력가 더 큰 것입니다. 왼쪽 날개의 플랩을 위쪽으로 조금 올려주거나 오른쪽 날개의 플랩을 아래로 내려서 공기 흐름이 수평이 되도록 조절합니다. 플랩의 각도를 조금씩 바꿔가면서 회전하지 않는 상태를 찾아가면 됩니다. 자연스럽게 플랩의 기능도 알아가게 될 거예요.

왼쪽 또는 오른쪽으로 기울면서 날아가요

이 증상이 심하면 위의 경우처럼 회전하며 날아가게 됩니다. 회전하며 날아갈 때 조치 사항과 동일하게 플랩을 조정하여 바로잡습니다.

독수리처럼 앞으로 고꾸라지며 땅에 추락해요

종이로 만든 전투기는 앞부분이 무게추 역할을 하고, 그 무게의 힘으로 날아갑니다. 당연히 앞쪽이 더 무거워요. 보통 날개는 가운데나 뒤쪽으로 치우쳐 있기 때문에 무거운 앞부분이 땅으로 떨어집니다. 그래서 전투기를 완성하고 승강타와 플랩을 조절하지 않은 상태에서는 대부분 앞으로 고꾸라지며 추락합니다. 수평 꼬리날개뒷날개의 승강타를 조금씩 올려보면서 잘 날아갈 수 있도록 조절해보세요. 이때 좌우 수평 꼬리날개의 승강타를 비슷한 각도로 올려줘야 수평으로 비행할 수 있으니 주의하세요.

기수(앞부분)가 하늘을 향해 들리더니 그대로 추락해요

승강타가 너무 올라가 있으면 생기는 증상이에요. 물론 코브라 기동360도 뒤로 회전하는 비행기술과 같은 곡예비행을 하려면 승강타를 많이 올려야 합니다. 하지만 무난하게 수평 비행을 하려면 승강타가 많이 올라가면 안 돼요. 승강타의 각도를 내려주세요.

왼쪽 또는 오른쪽으로 날아가요

수직 꼬리날개의 수평이 맞지 않으면 왼쪽 또는 오른쪽으로 날아갑니다. 실제로 전투기도 방향을 바꿀 때 수직 꼬리날개를 이용합니다. 전투기 기종에 따라서 수평 꼬리날개가 1개인 것도 있고 2개인 것도 있으니 수평 꼬리날개 뒤쪽의 방향타를 왼쪽 또는 오른쪽으로 살짝 꺾어주면 됩니다. 만약 전투기가 오른쪽으로 날아간다면 (전투기를 뒤에서 봤을 때) 방향타를 왼쪽으로 꺾어주면 됩니다. 만약 의도적으로 왼쪽 또는 오른쪽으로 날아가는 비행을 하고 싶다면 원하는 방향쪽으로 방향타를 꺾어주면 됩니다.

어떻게 하면 잘 날릴 수 있나요?

가급적 실내에서 날리세요

바람의 영향을 받지 않도록 실내에서 날리는 것이 가장 좋습니다. 종이비행기는 바람의 영향을 많이 받는답니다.

일직선으로 밀듯이 날려 보내세요

하늘을 향해 높이 날린다기보다는 내 눈 앞에서 일직선으로 밀듯이 날려보세요. 짧은 거리를 날려보고 승강타_{수평 꼬리날개−뒷날개 뒷부분을 조절}대부분의 경우 위쪽으로 살짝 접어줍니다_{합니다.} 내 눈 앞에서 일직선으로 약간 힘수어 날렸을 때 하늘로 조금 뜨다가 천천히 활공하며 비행하면 잘 조정된 것입니다. 플랩과 승강타, 방향타를 이리저리 조금씩 바꿔보면서 비행에 어떤 영향을 미치는지 알아보면 날리기가 더 쉬워질 겁니다.

다음 페이지부터는 도안이 수록되어 있습니다.

★ 순서 : T−50, F−15, F−16, F−18, SU−35, F−22, F−35A, F−14, SU−47, SR−71, 거치대

★ 도안은 F−22, F−35, F−14, SR−71 기종의 경우 3개씩이며 나머지는 기종당 2개씩 수록했습니다.

★ 도안은 잘 잘라서 사용하세요!

★ 물에 젖은 손이나 풀이 묻은 손으로 접지 않도록 주의하세요!

절취선 ───
접는선 ----
보조선 ───

접는 방법 보기

기본 접기에 익
숙하지 않은 분
은 아래 QR코
드 영상을 참고
하세요! ▼

기본 접기 보기

ROKAF T-50

ROKAF T-50

절취선 ——
접는선 ----
보조선 ——

접는 방법 보기

기본 접기에 익
숙하지 않은 분
은 아래 QR코
드 영상을 참고
하세요! ▼

기본 접기 보기

ROKAF T-50

ROKAF T-50

F-15

접는 방법 18페이지

이글 Eagle

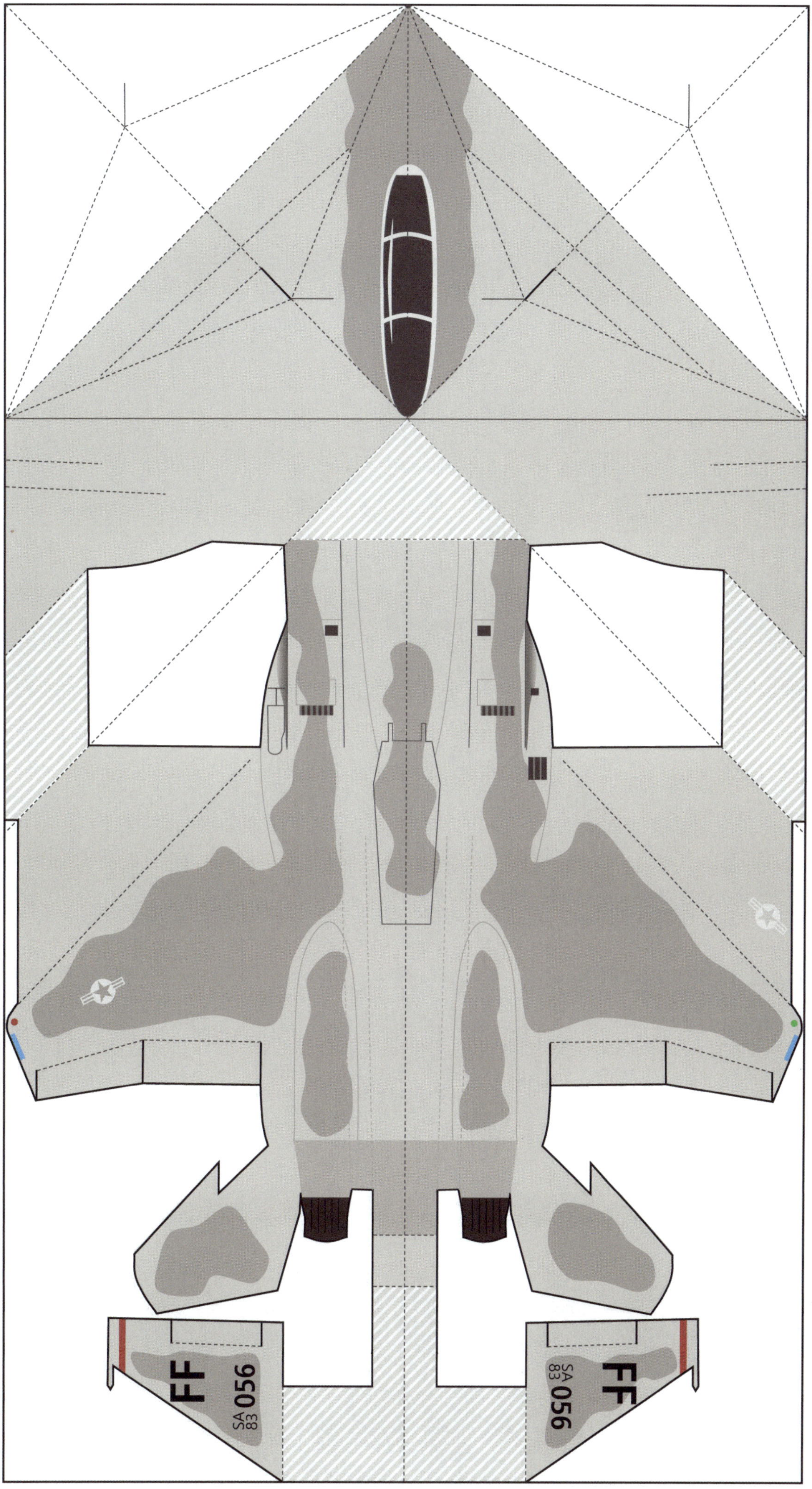

절취선 ——
접는선 ----
보조선 ——

접는 방법 보기

기본 접기에 익숙하지 않은 분은 아래 QR코드 영상을 참고하세요! ▼

기본 접기 보기

FF

SA 056
83

FF

SA 056
83

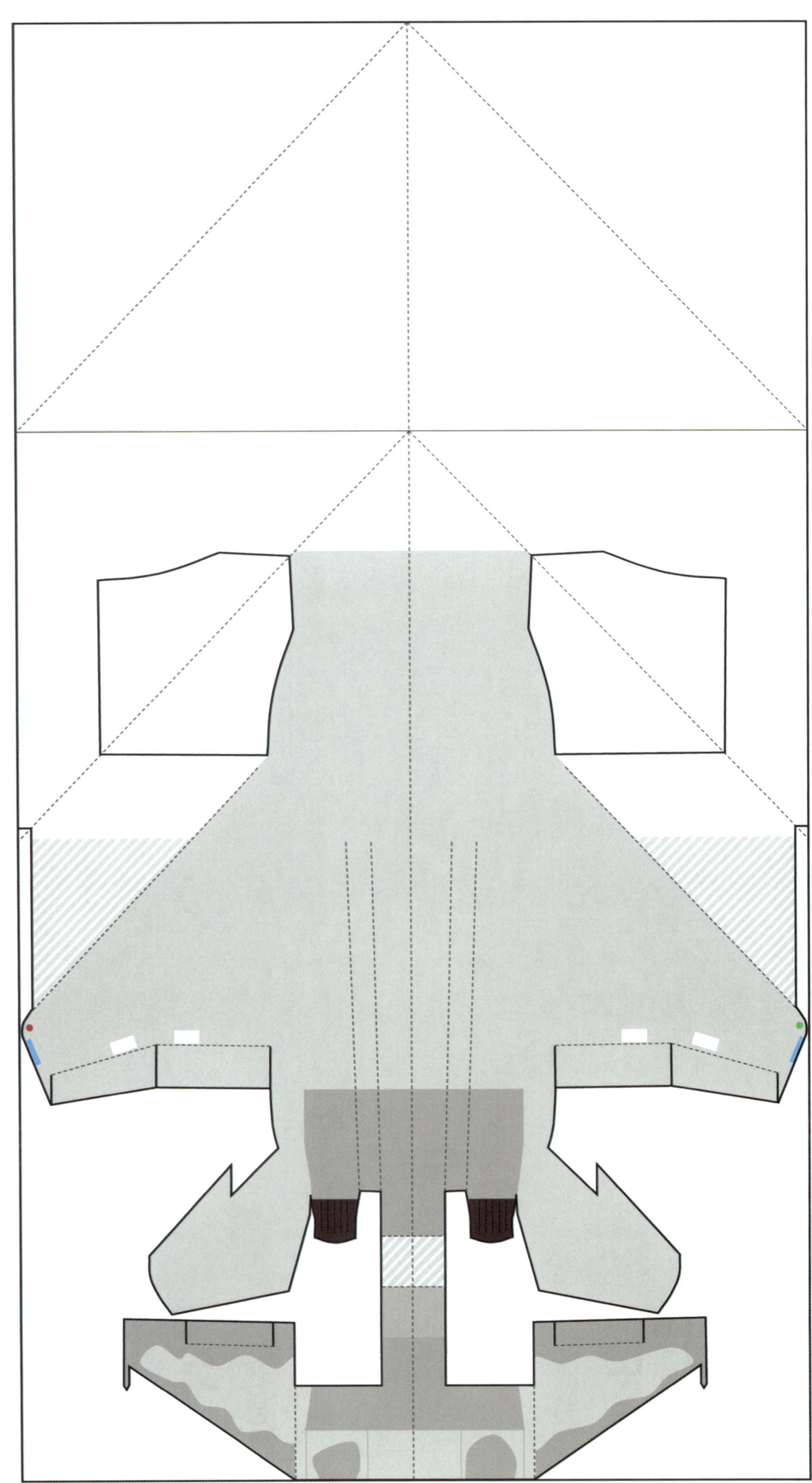

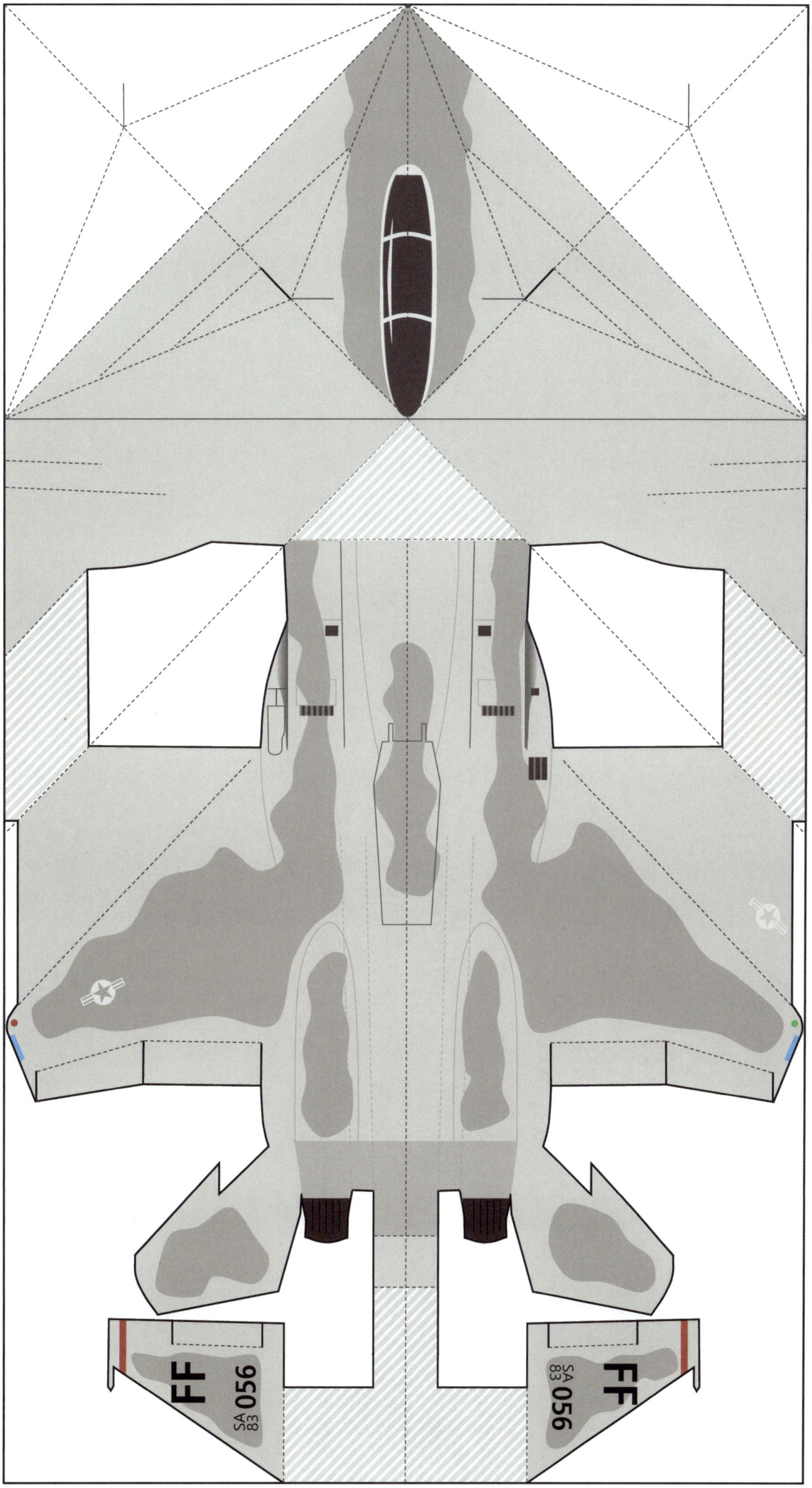

F-15 접는 방법 18페이지

이글 Eagle

절취선 ——
접는선 - - - -
보조선 ——

접는 방법 보기

기본 접기에 익
숙하지 않은 분
은 아래 QR코
드 영상을 참고
하세요! ▼

기본 접기 보기

FF
SA 056
83

FF
SA 056
83

75

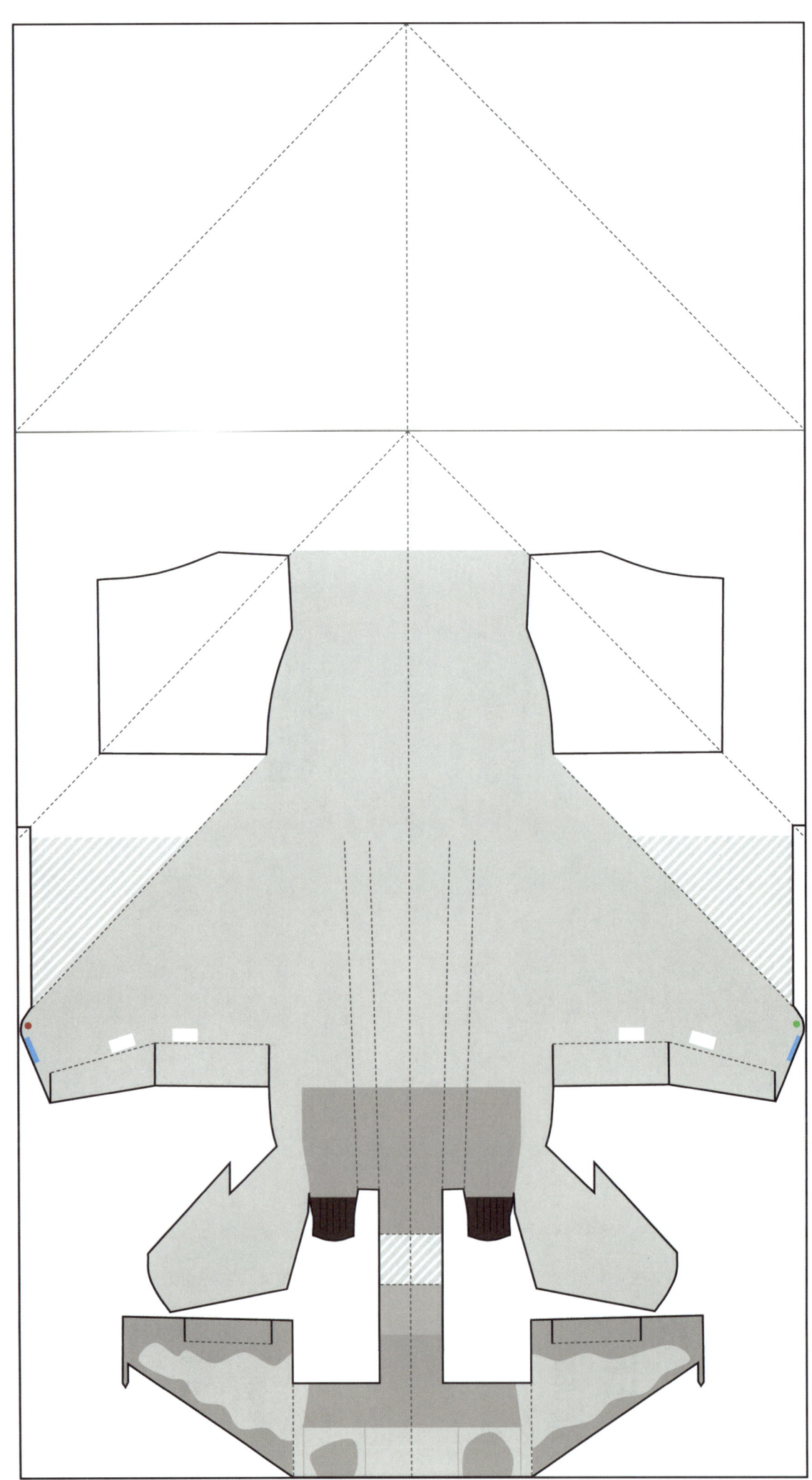

절취선 ━━━
접는선 ----
보조선 ───

접는 방법 보기

기본 접기에 익
숙하지 않은 분
은 아래 QR코
드 영상을 참고
하세요! ▼

기본 접기 보기

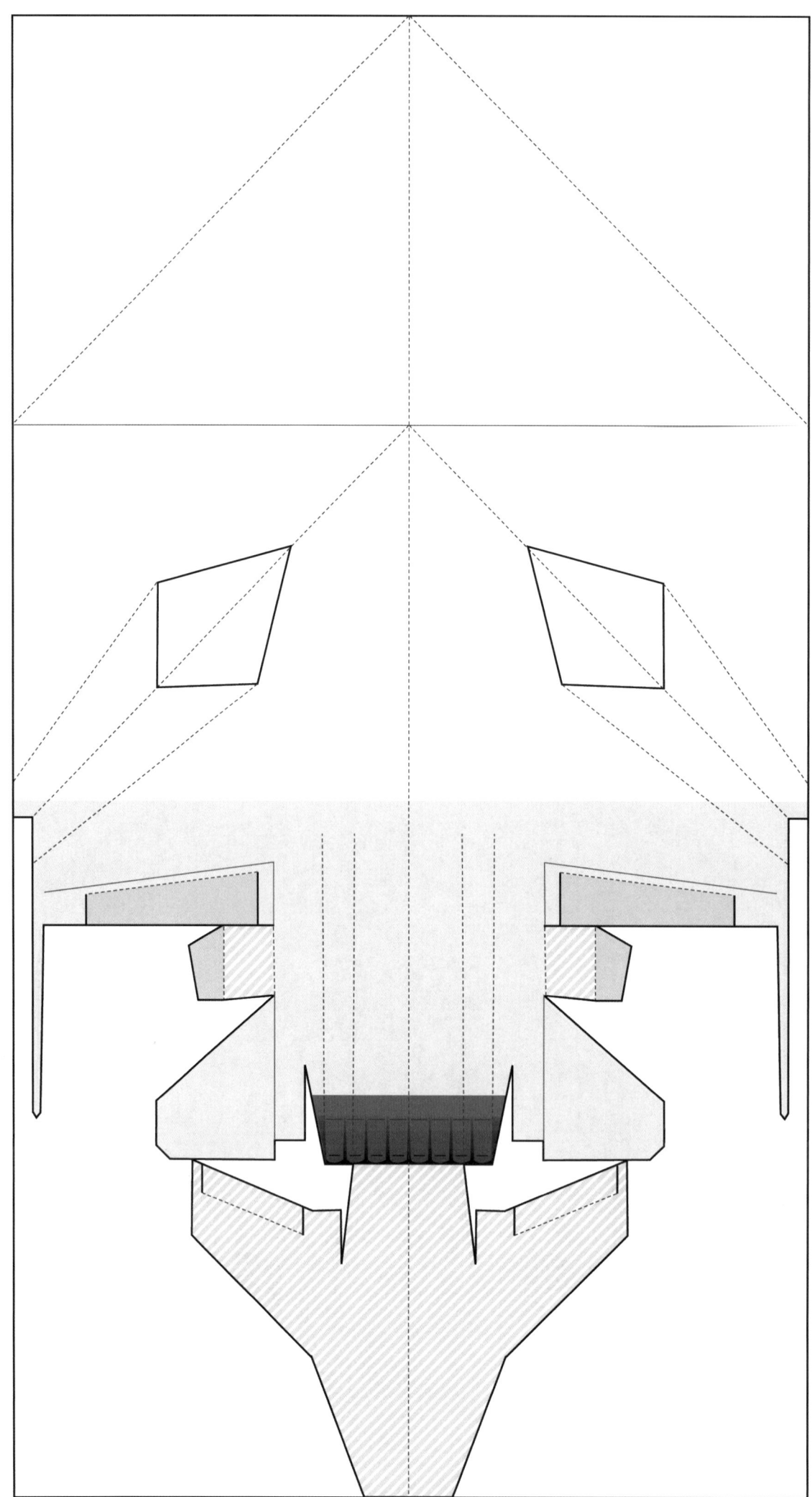

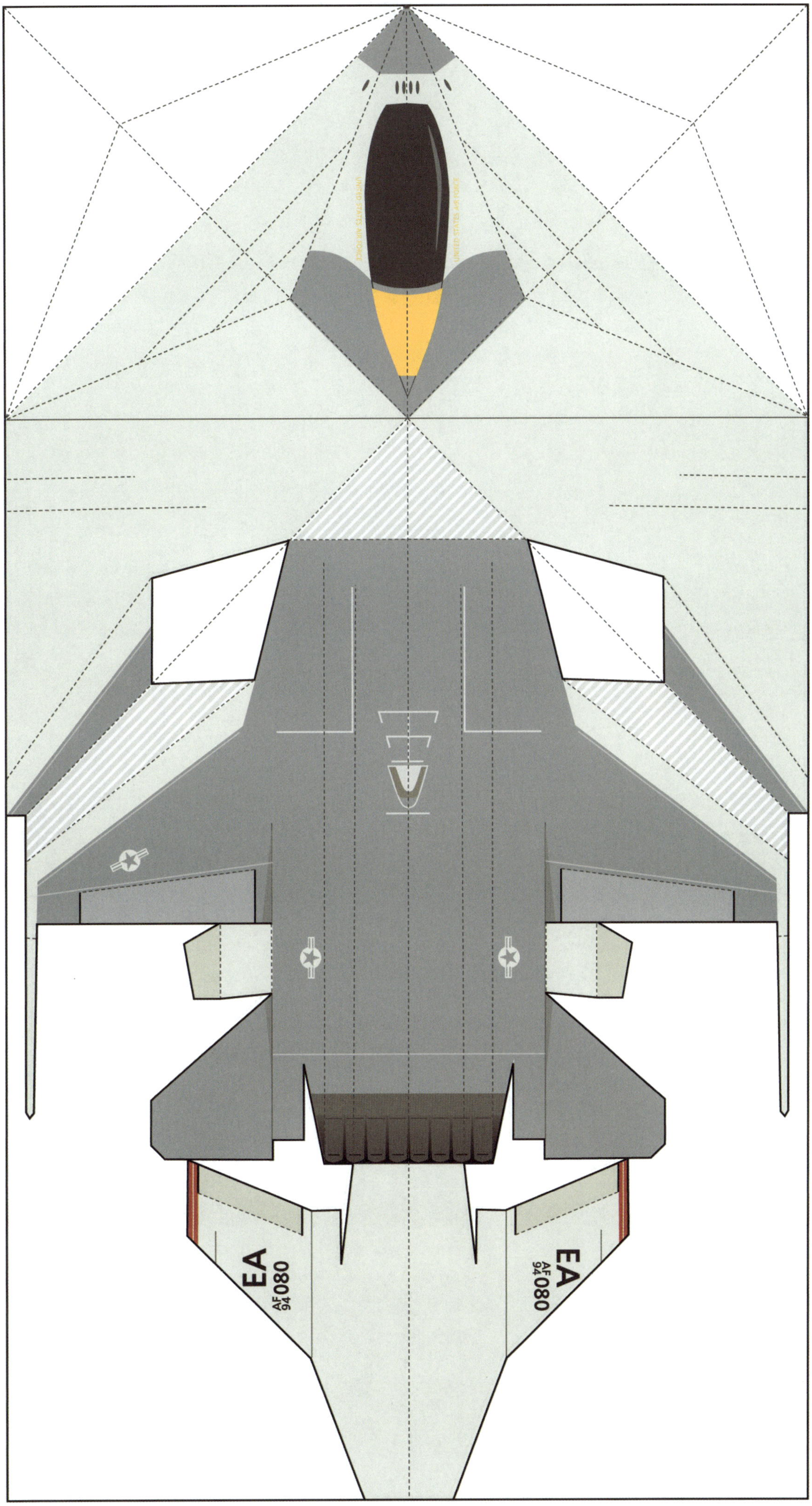

절취선 ——

접는선 ----

보조선 ——

접는 방법 보기

기본 접기에 익
숙하지 않은 분
은 아래 QR코
드 영상을 참고
하세요! ▼

기본 접기 보기

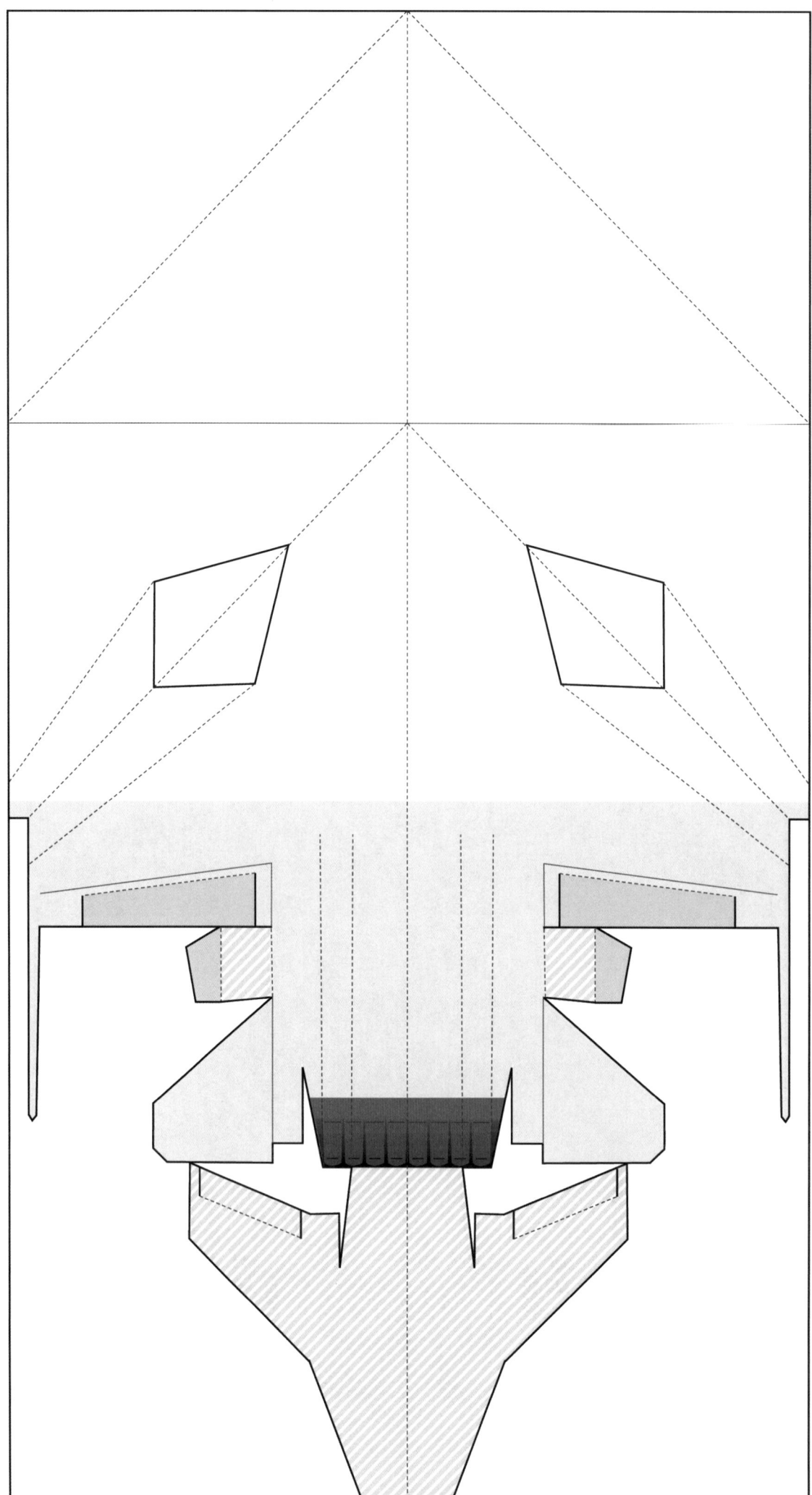

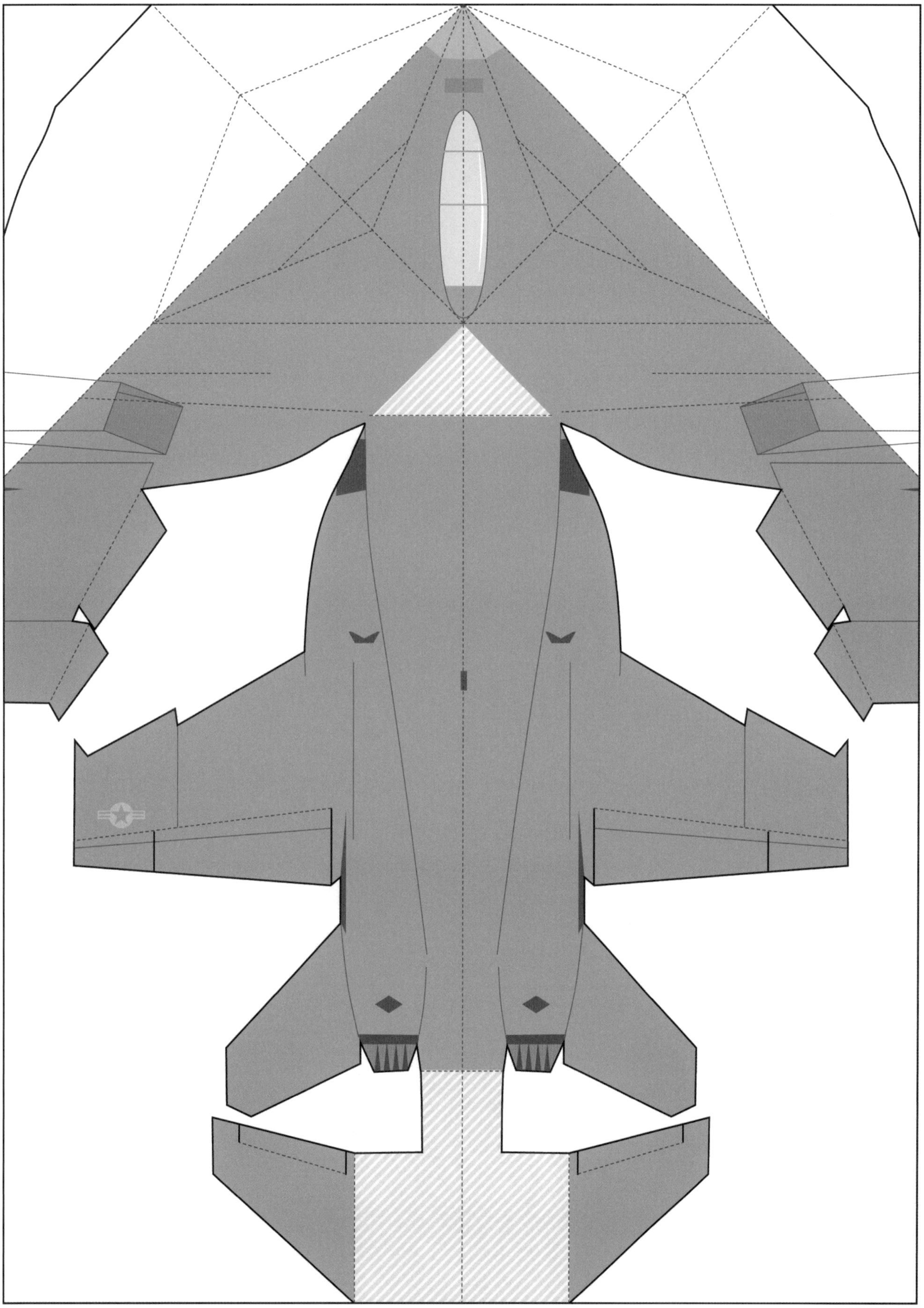

절취선 ——
접는선 ----
보조선 ——

접는 방법 보기

기본 접기에 익숙하지 않은 분은 옆
의 QR코드영상을 참고하세요! ▶

기본 접기 보기

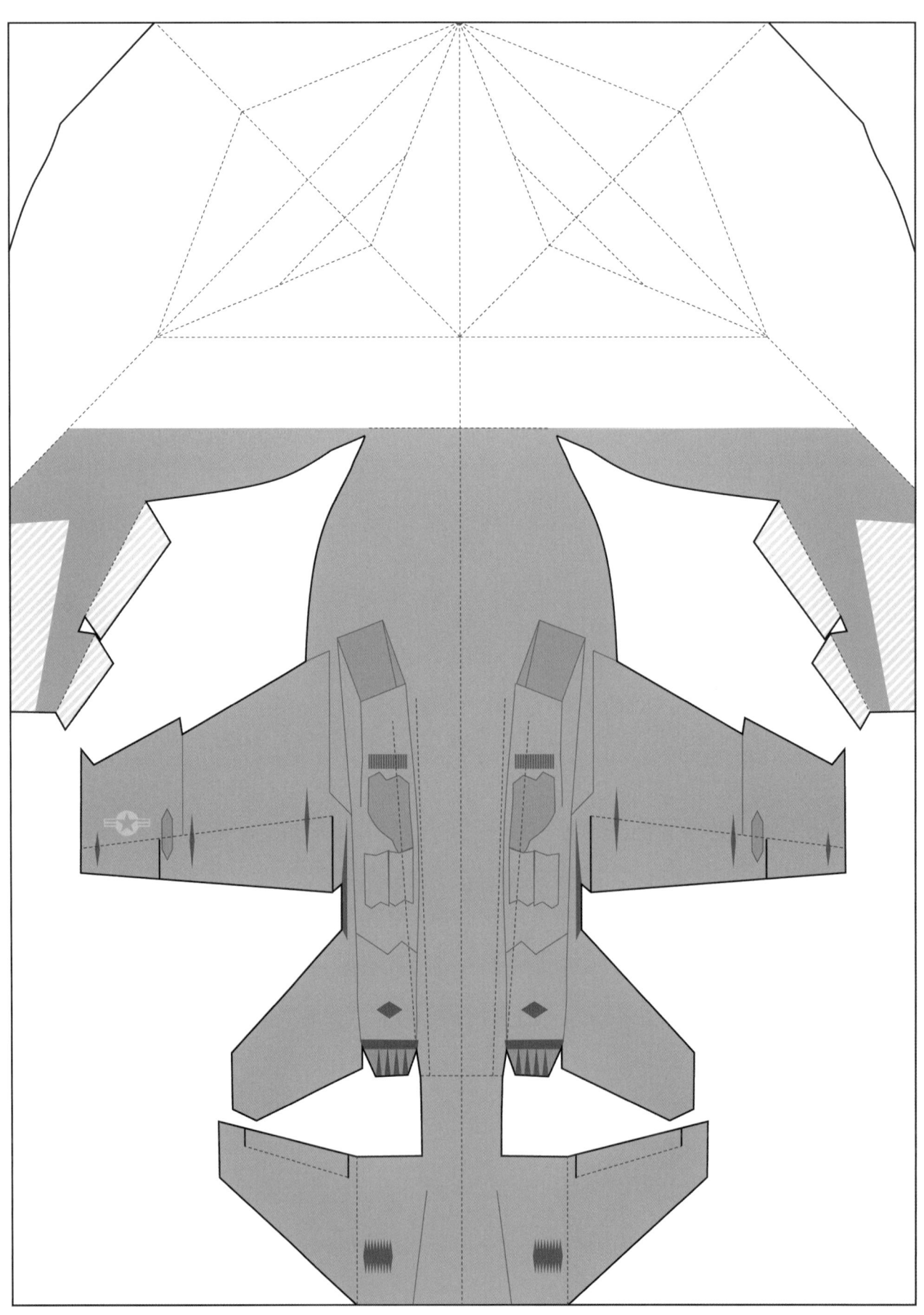

절취선——
접는선----
보조선——

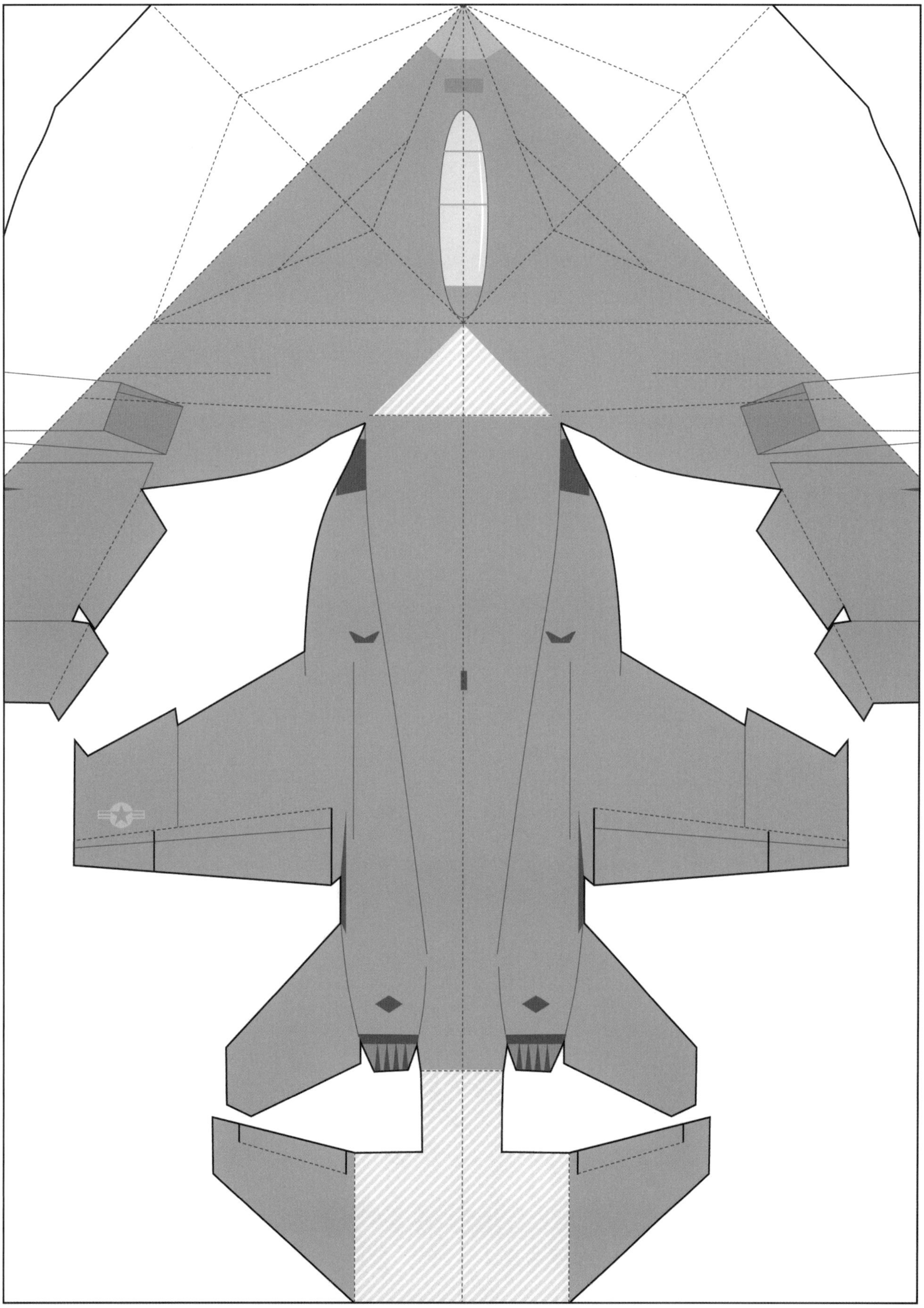

절취선 ——
접는선 - - - -
보조선 ——

접는 방법 보기

기본 접기에 익숙하지 않은 분은 옆
의 QR코드영상을 참고하세요! ▶

기본 접기 보기

83

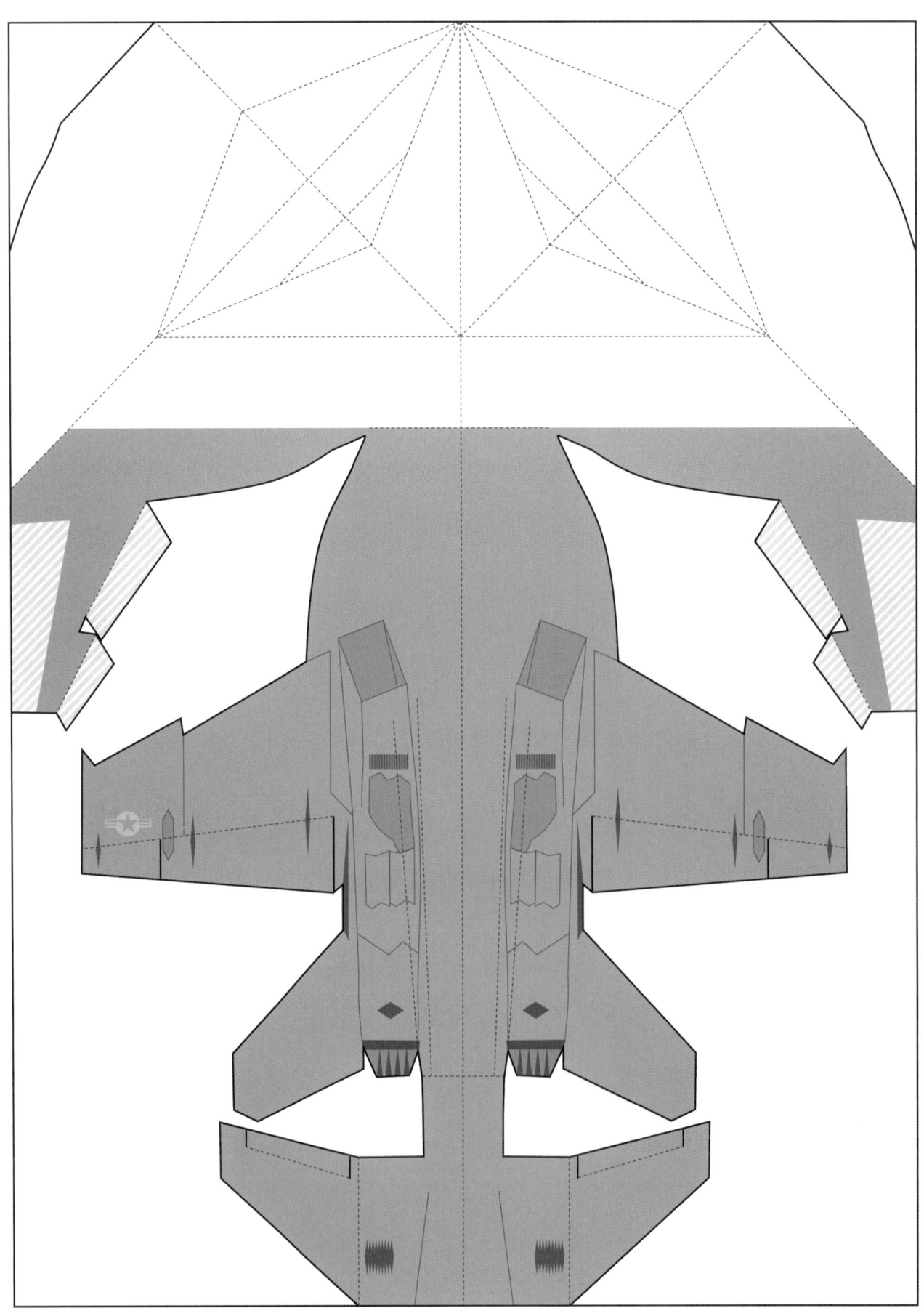

절취선 ━━━
접는선 ----
보조선 ━━━

84

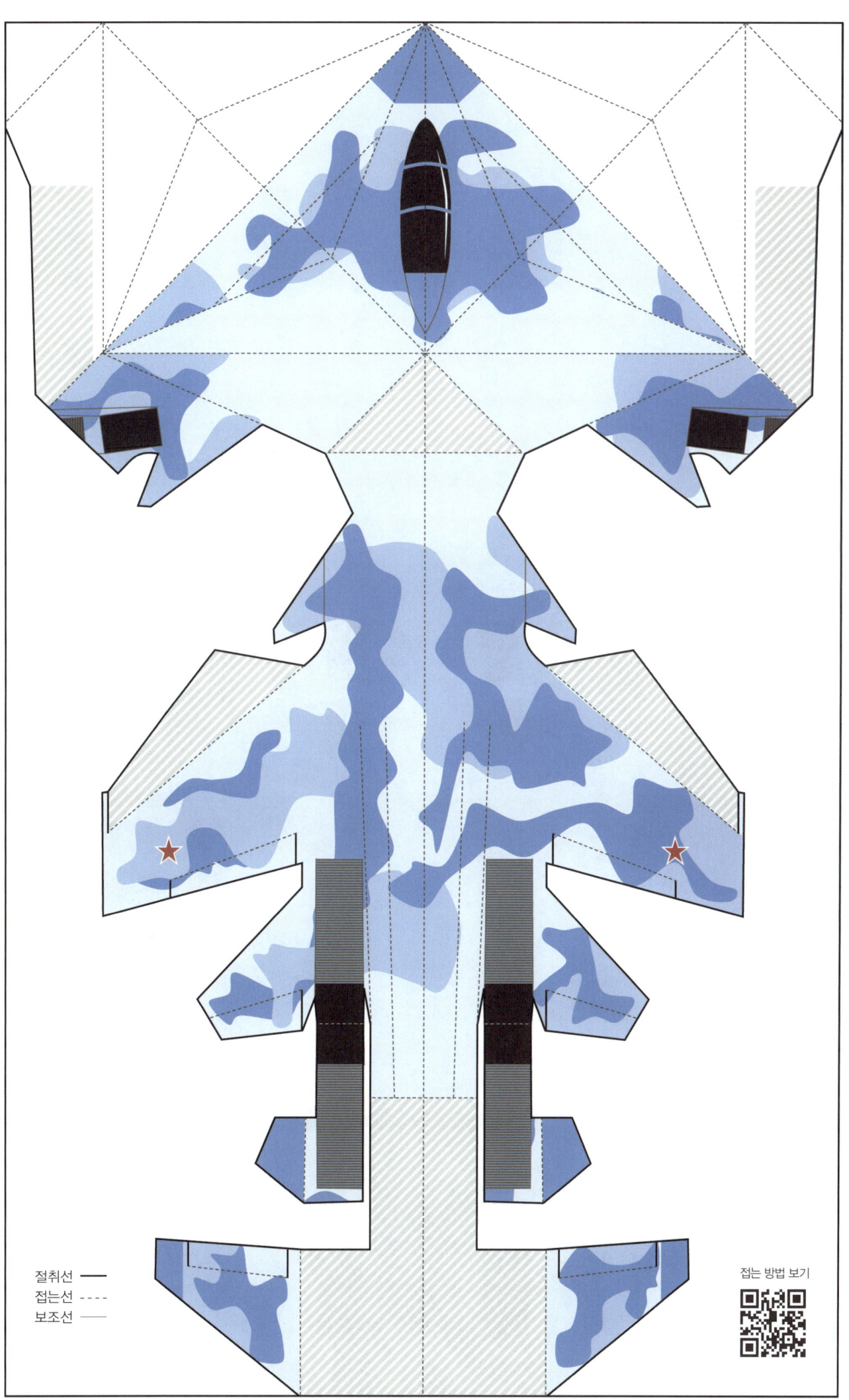

절취선 ——
접는선 - - - -
보조선 ——

접는 방법 보기

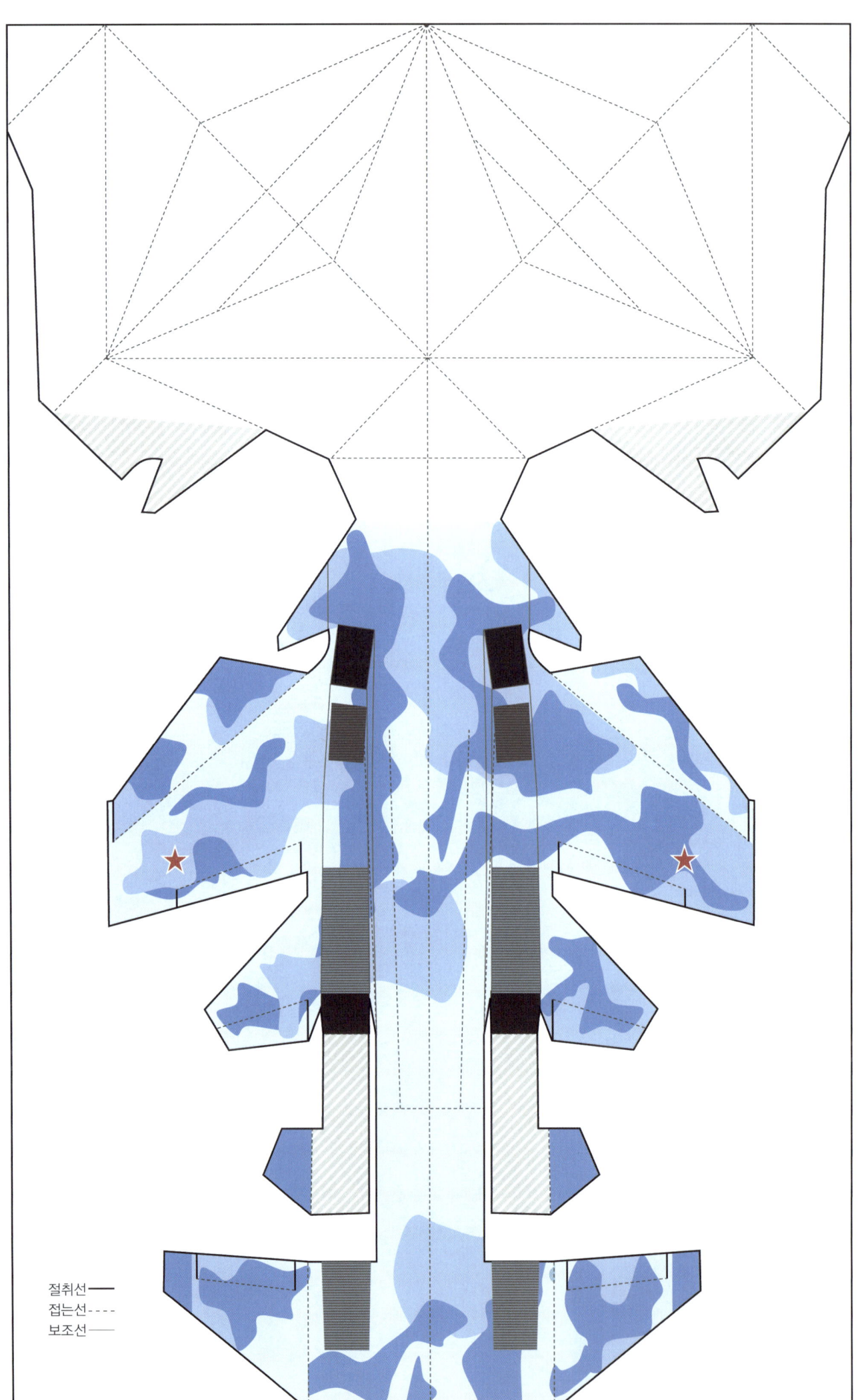

절취선———
접는선----
보조선———

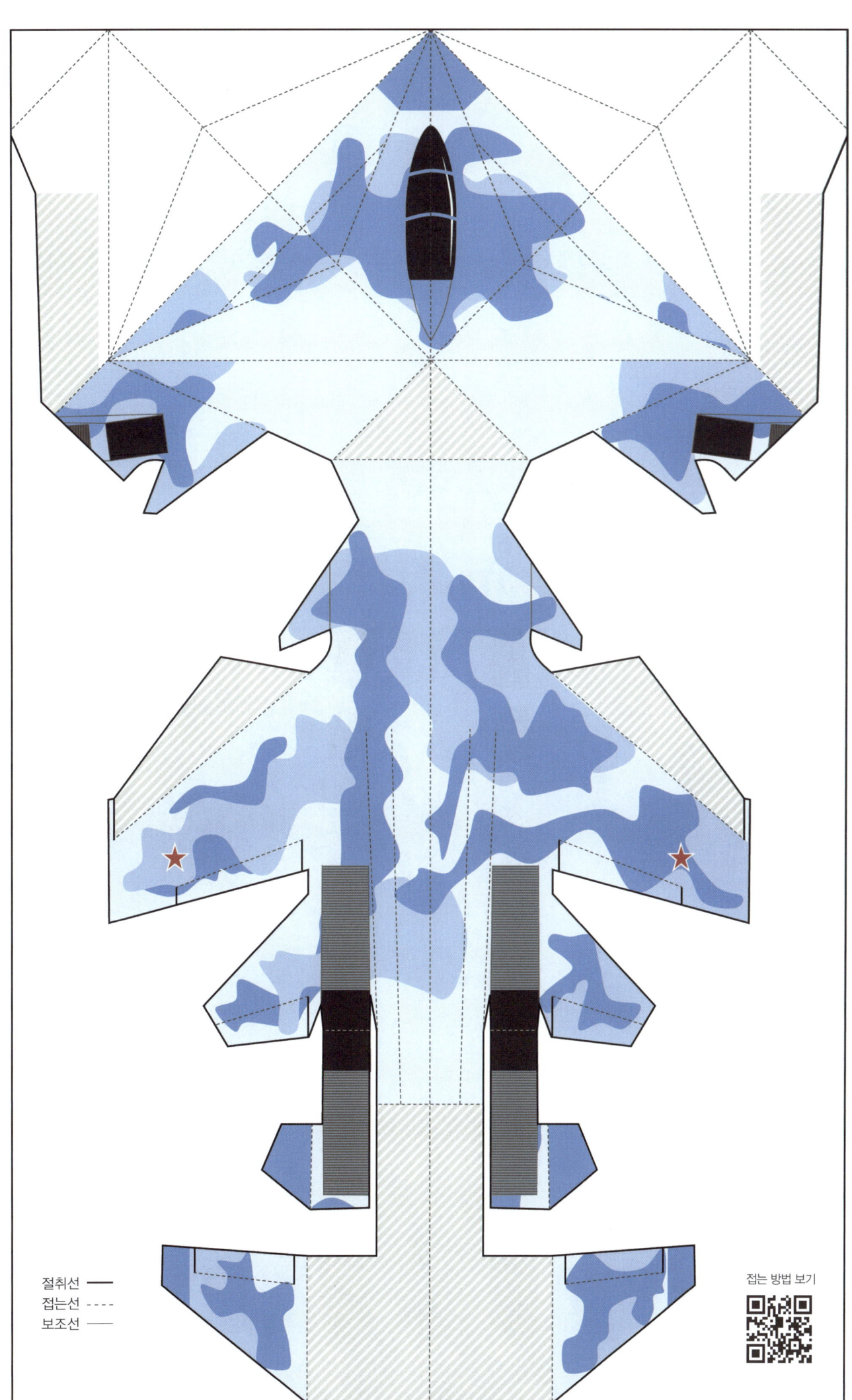

절취선 ——
접는선 - - - -
보조선 ——

접는 방법 보기

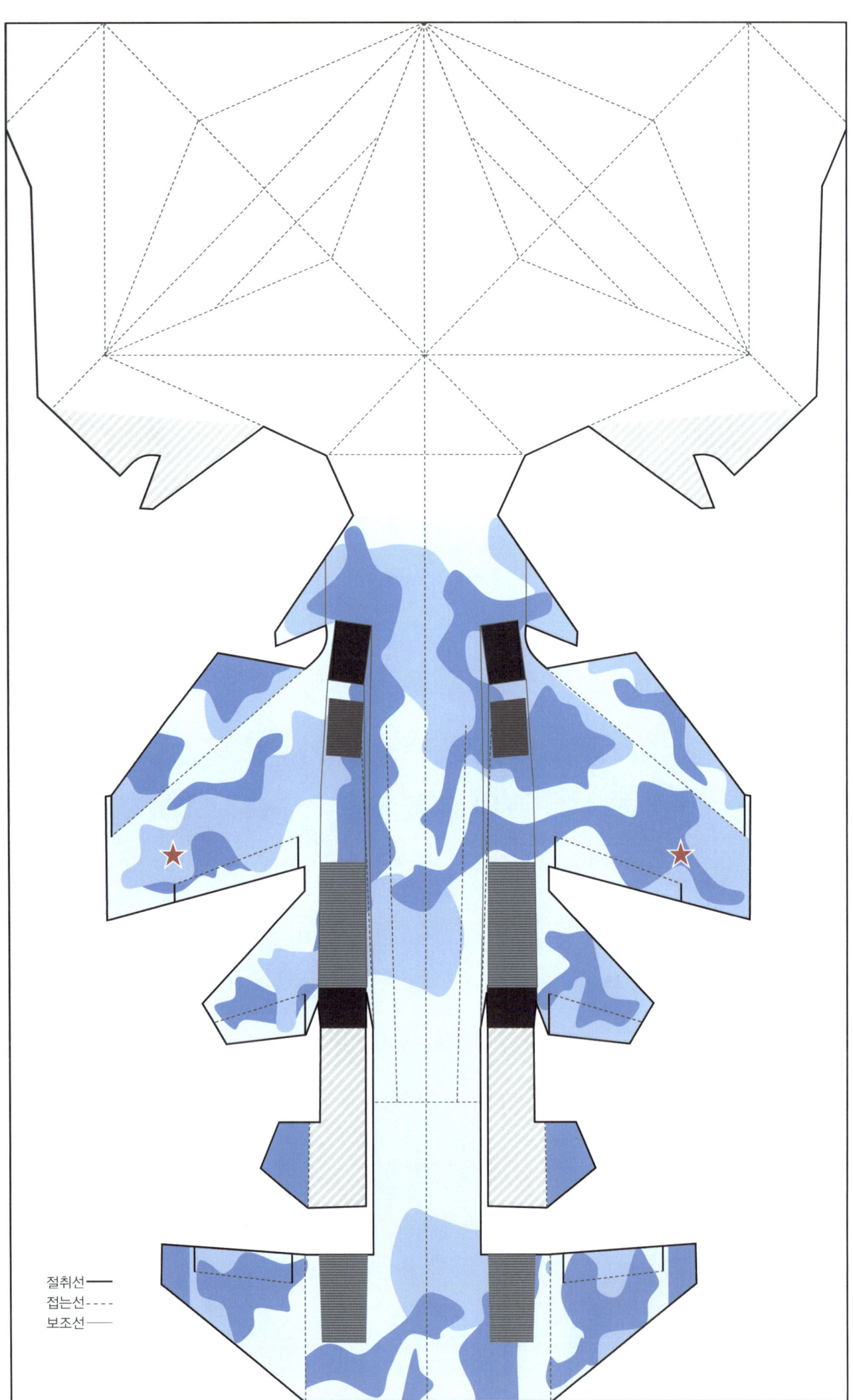

절취선 ——
접는선 - - - -
보조선 ——

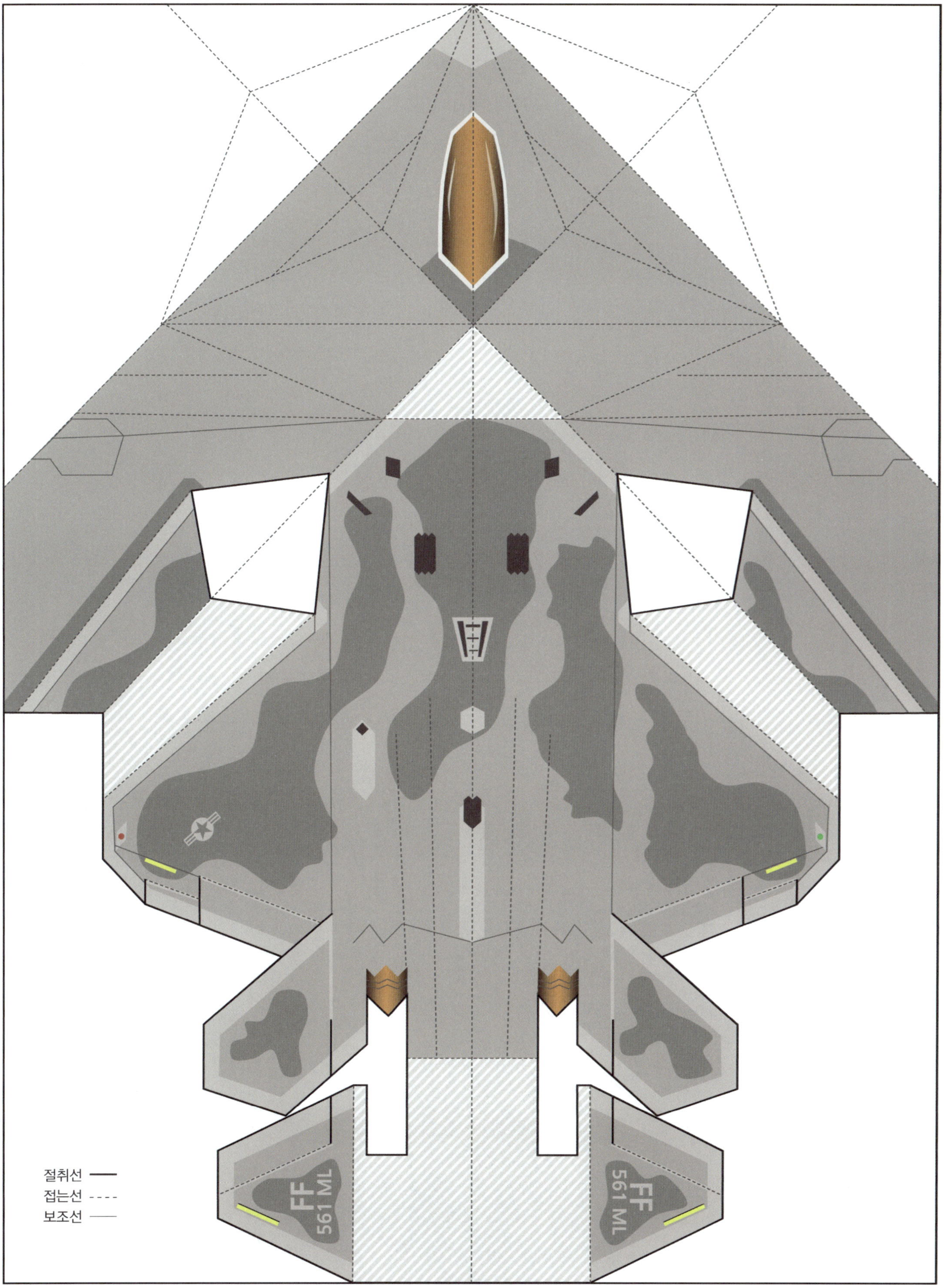

F-22 랩터 Raptor 접는 방법 36페이지

접는 방법 보기

기본 접기에 익숙하지 않은 분은 옆
의 QR코드영상을 참고하세요! ▶

기본 접기 보기

89

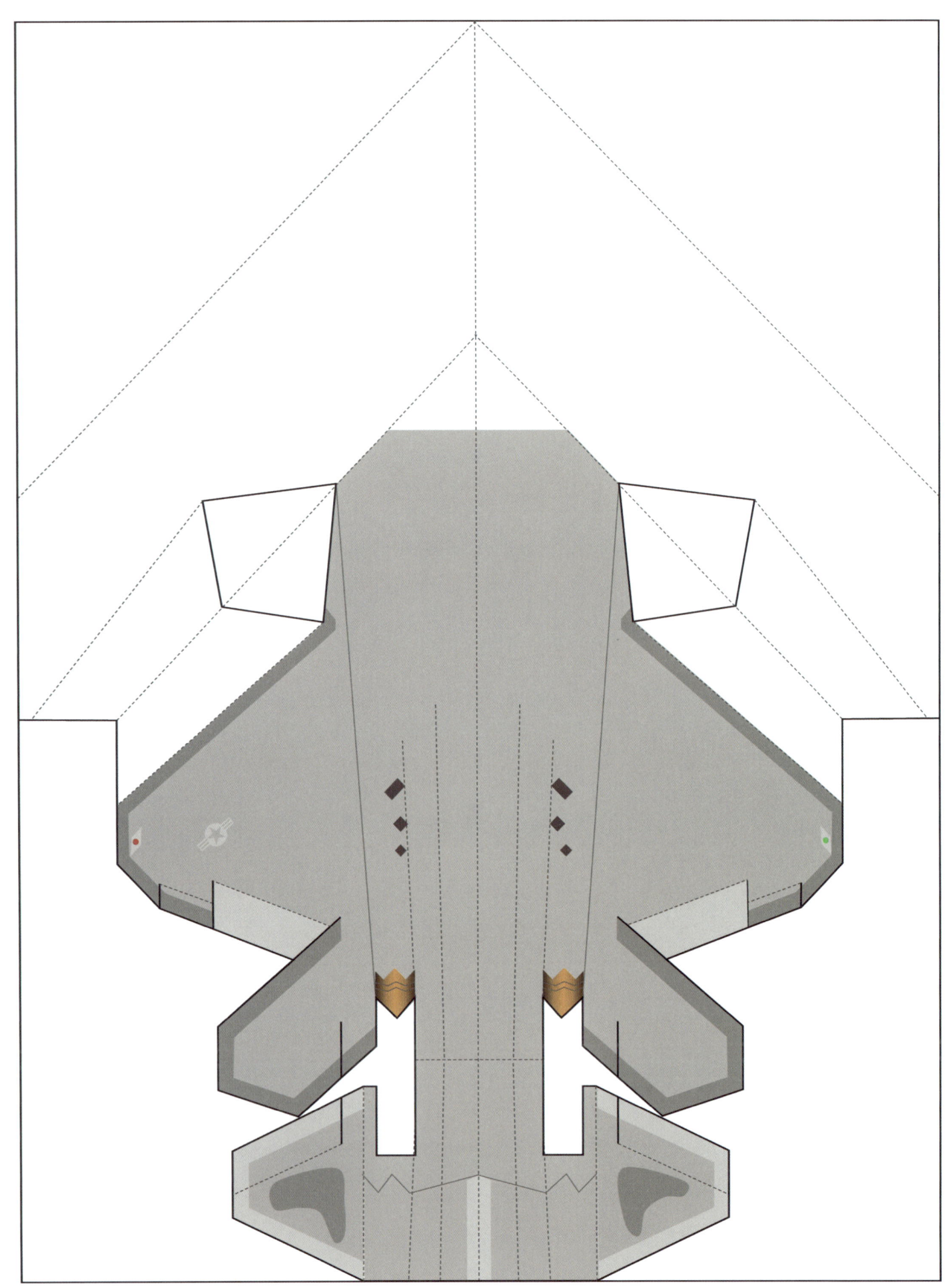

절취선——
접는선----
보조선——

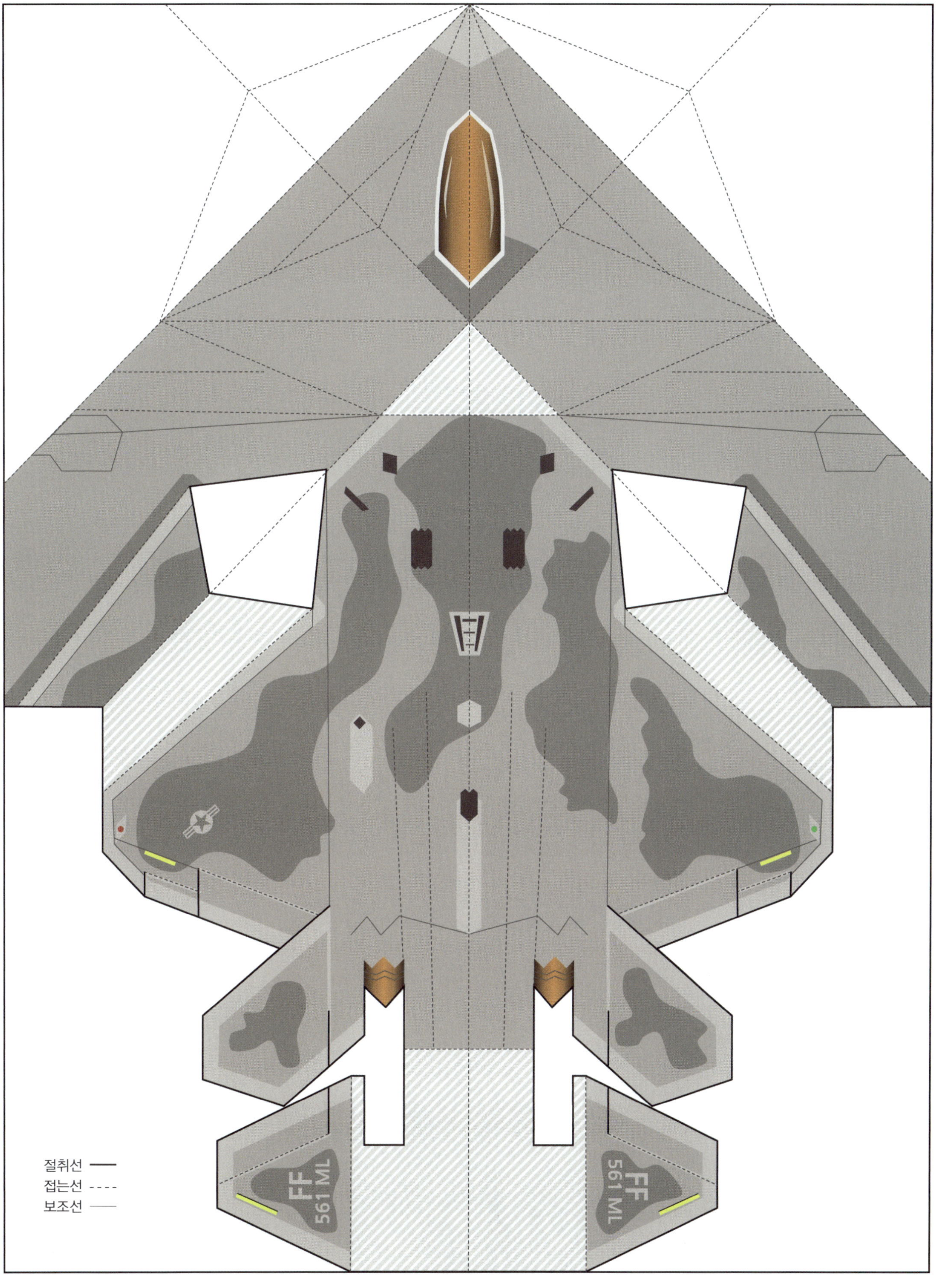

F-22 랩터 Raptor 접는 방법 36페이지

절취선 ──
접는선 ----
보조선 ──

접는 방법 보기

기본 접기에 익숙하지 않은 분은 옆
의 QR코드영상을 참고하세요! ▶

기본 접기 보기

91

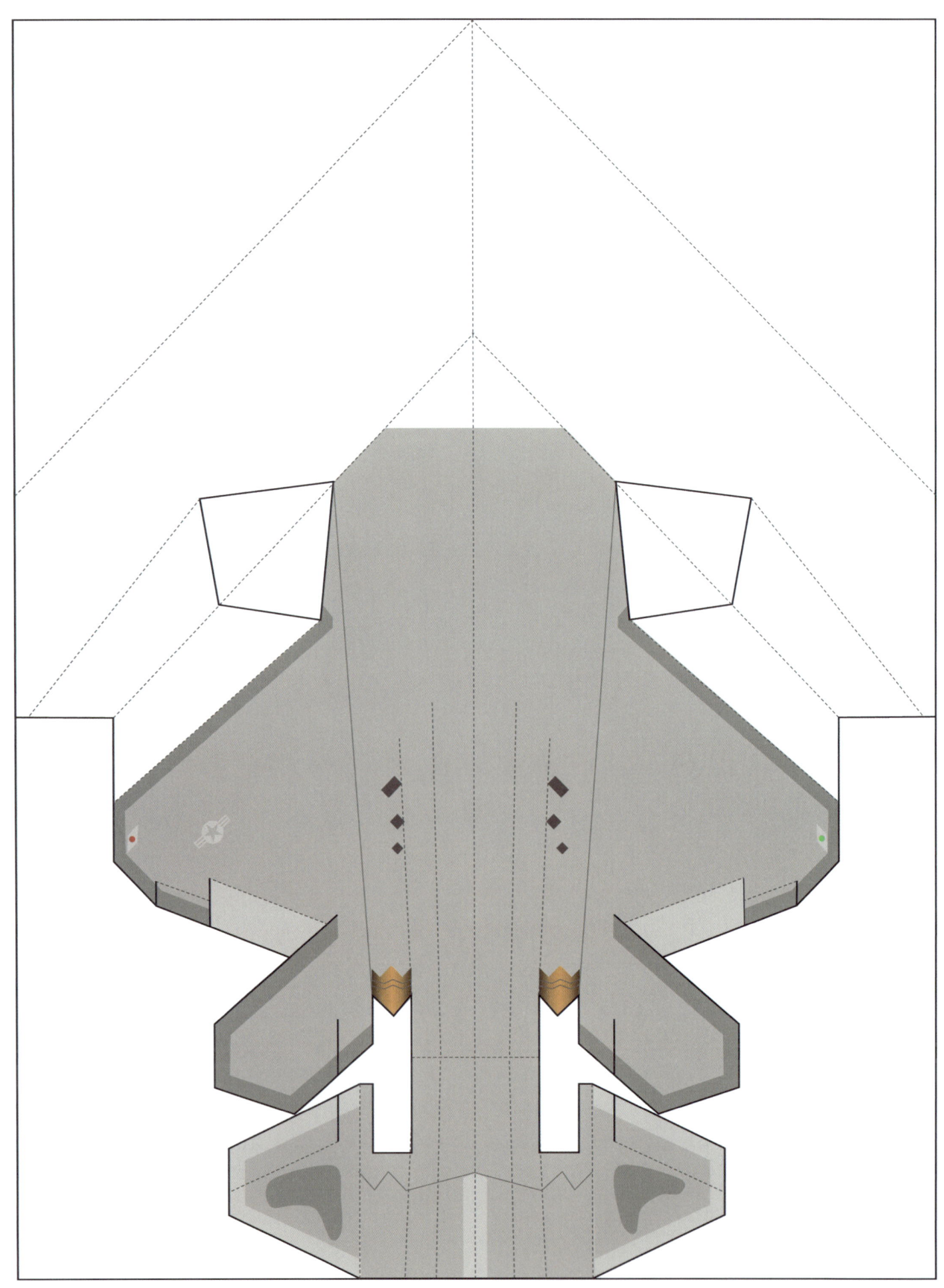

절취선 ——
접는선 - - - -
보조선 ——

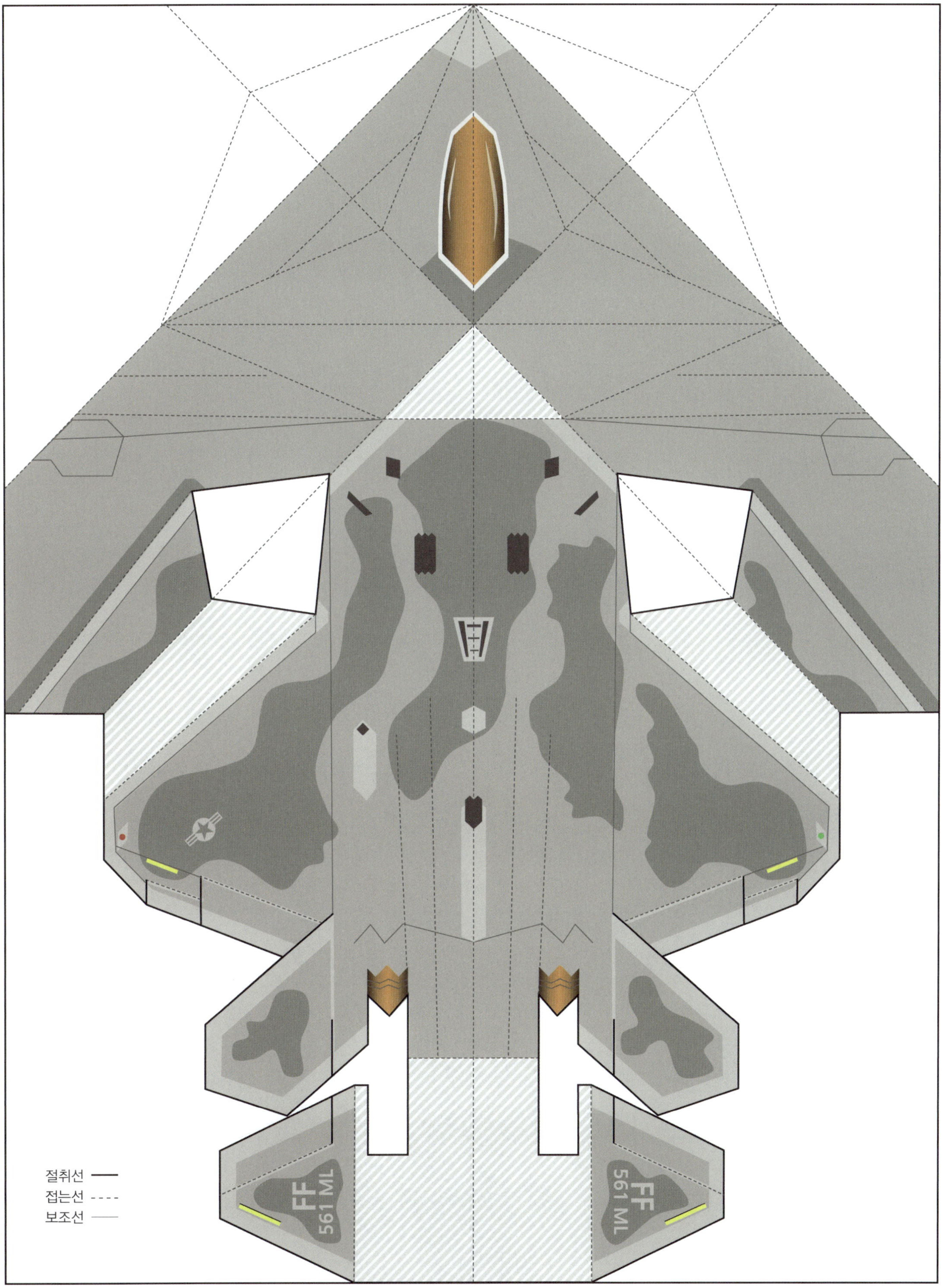

절취선 ——
접는선 ----
보조선 ——

F-22 랩터 Raptor 접는 방법 36페이지

접는 방법 보기

기본 접기에 익숙하지 않은 분은 옆
의 QR코드영상을 참고하세요! ▶

기본 접기 보기

93

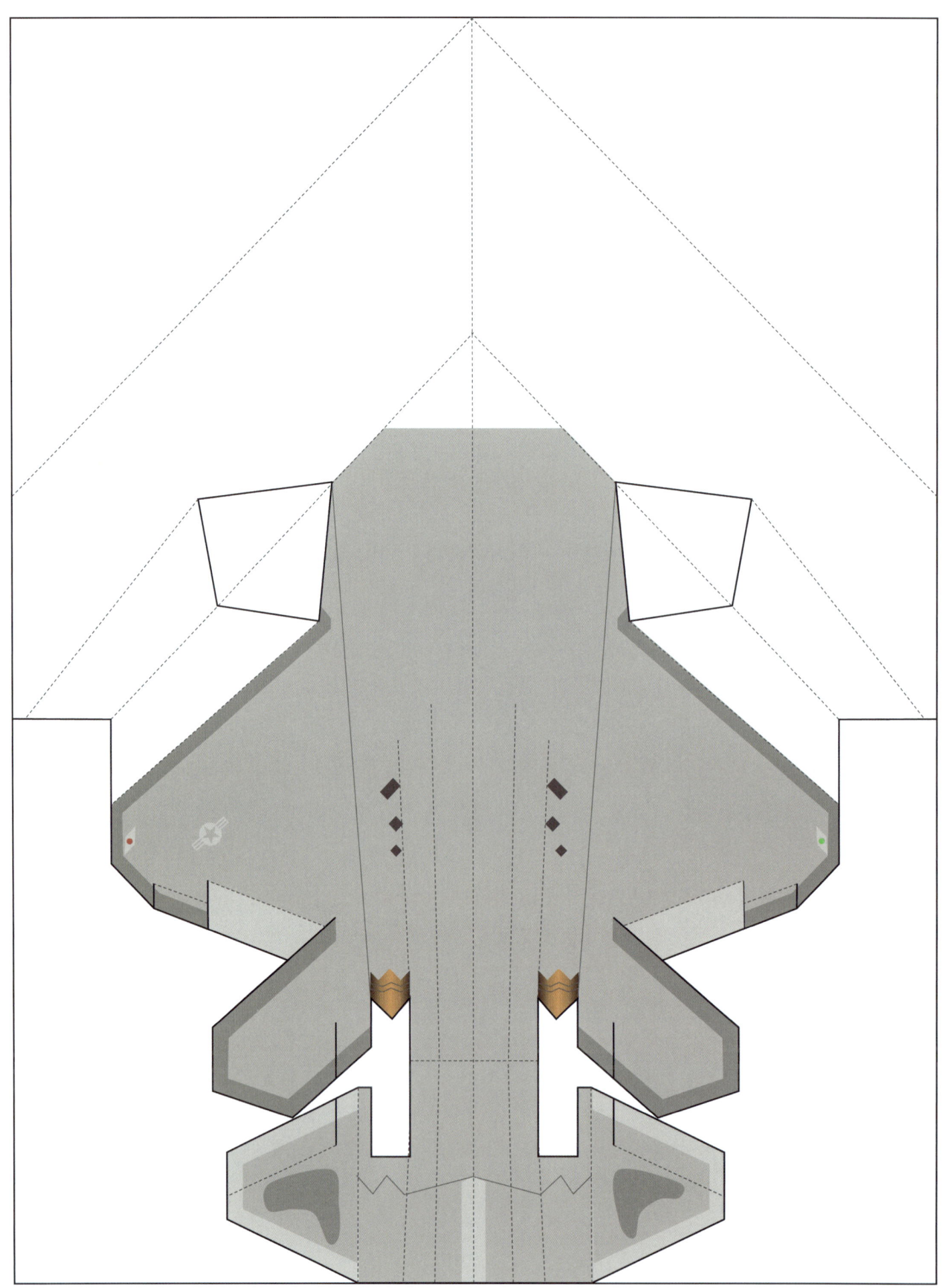

접는선----
보조선——

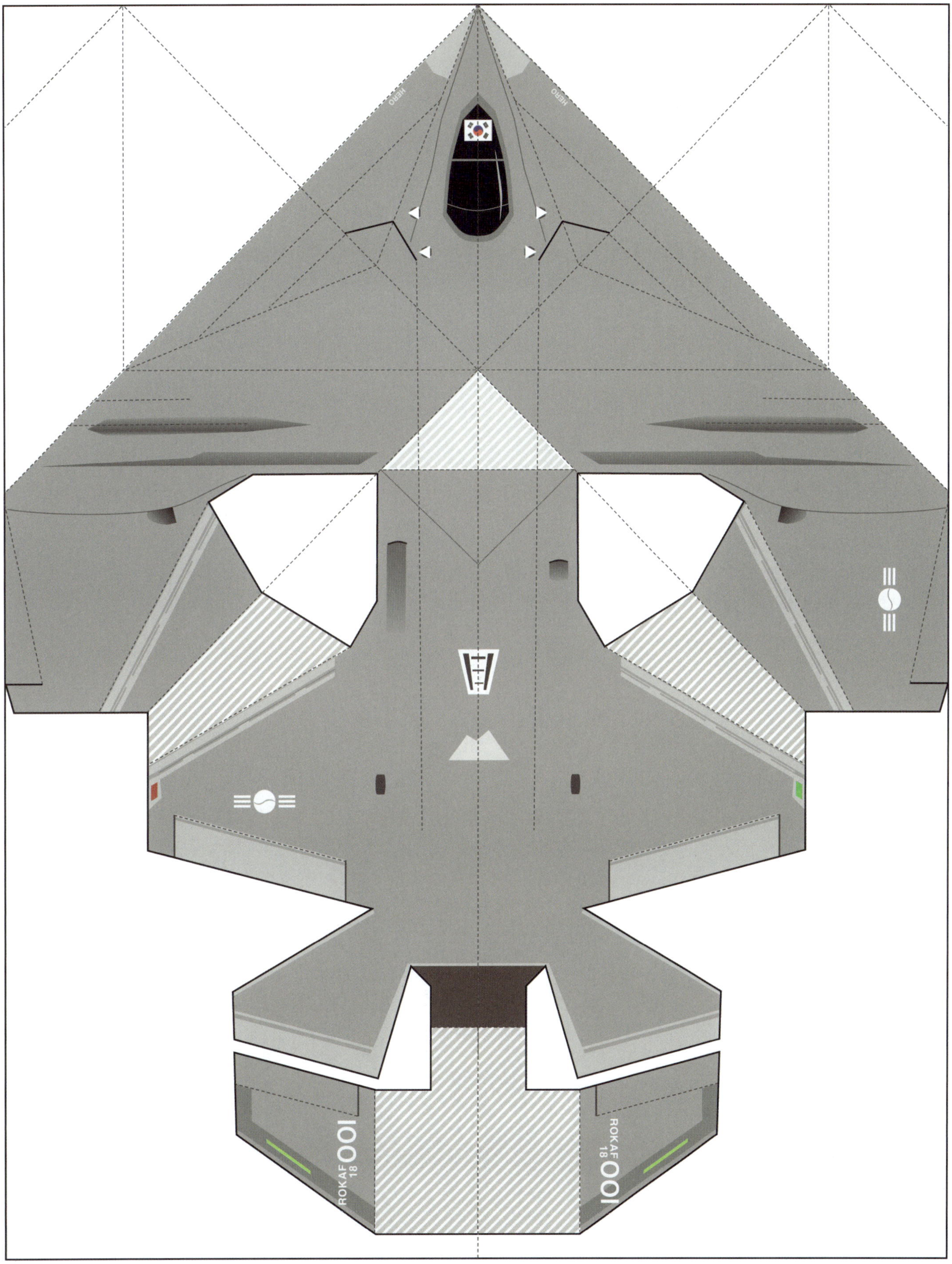

F-35 라이트닝 II 대한민국 공군버전 Lightning II Kor ver. 접는 방법 41페이지

절취선 ——
접는선 - - - -
보조선 ——

접는 방법 보기

기본 접기에 익숙하지 않은 분은 옆
의 QR코드영상을 참고하세요! ▶

기본 접기 보기

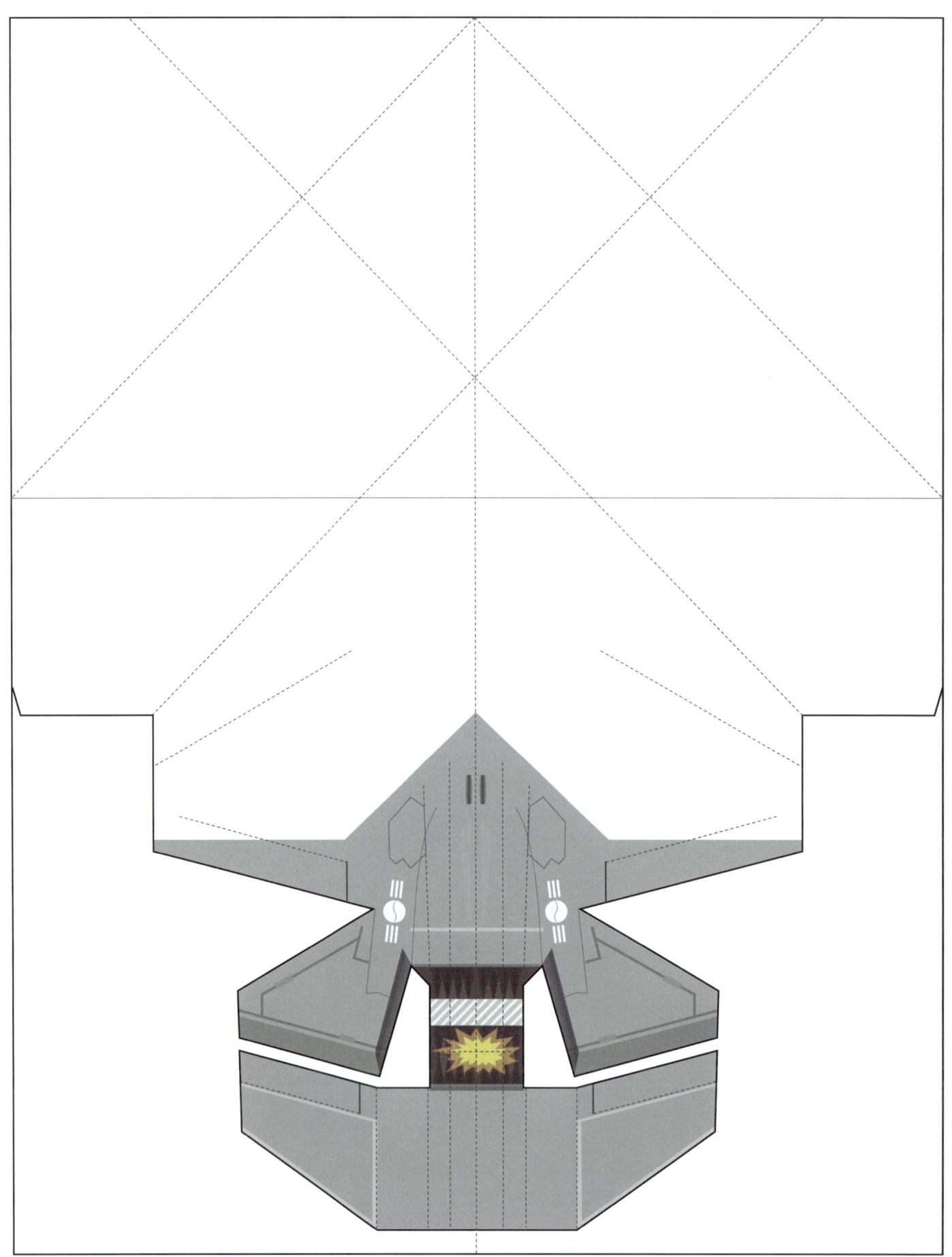

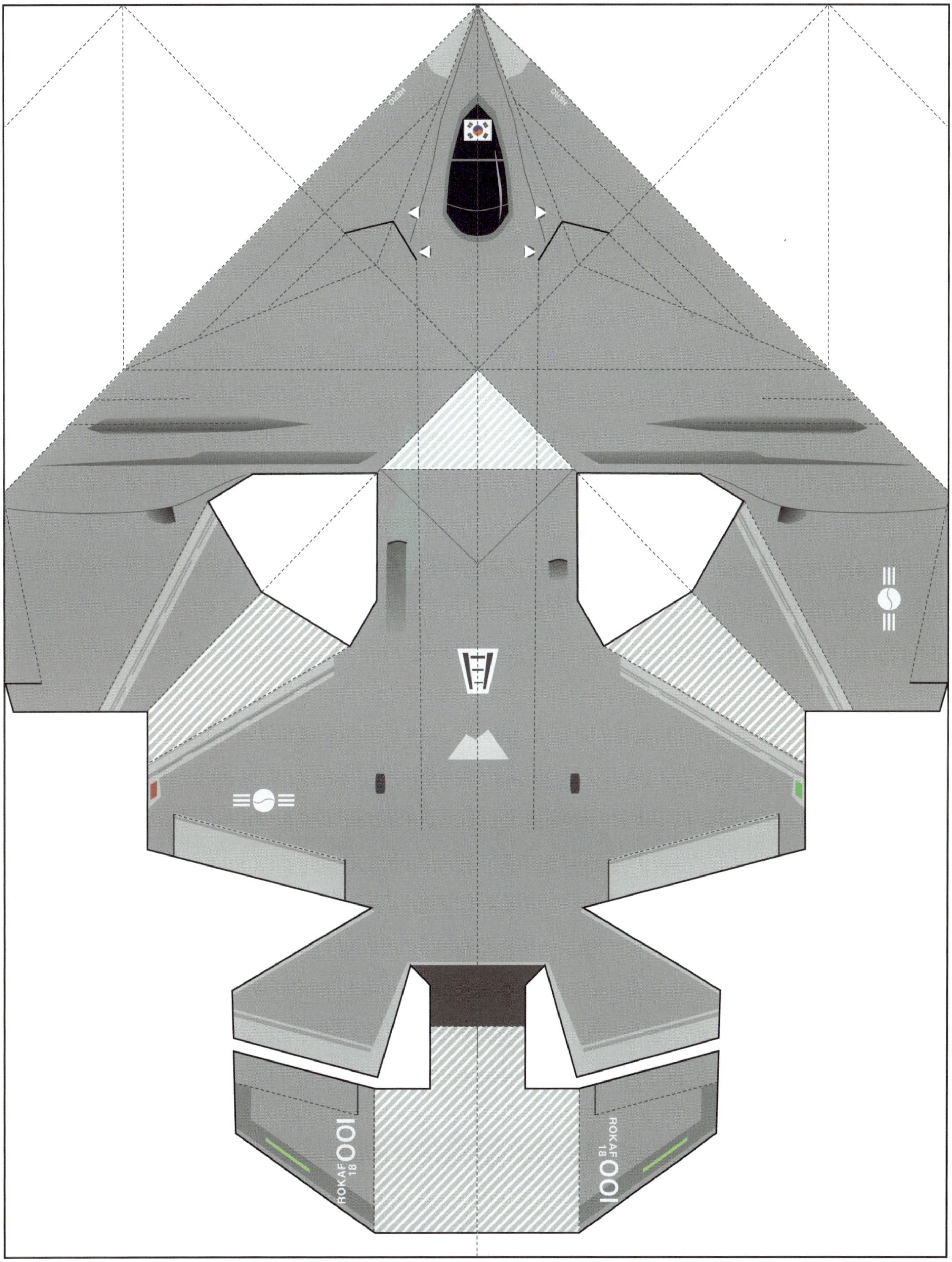

F-35 라이트닝 Ⅱ 대한민국 공군버전 Lightning Ⅱ Kor ver. 접는 방법 41페이지

절취선 ——
접는선 - - - -
보조선 ——

접는 방법 보기

기본 접기에 익숙하지 않은 분은 옆
의 QR코드영상을 참고하세요! ▶

기본 접기 보기

97

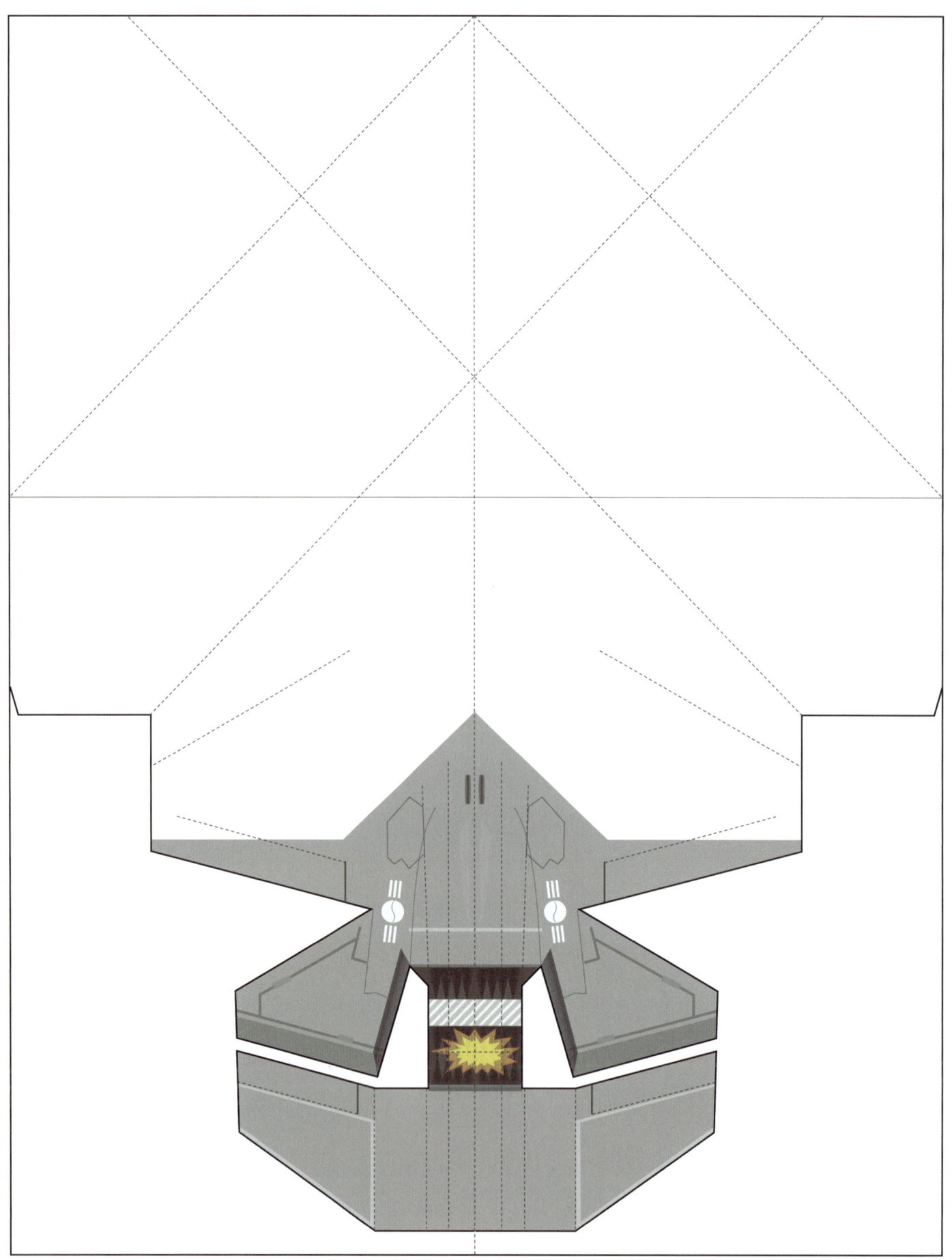

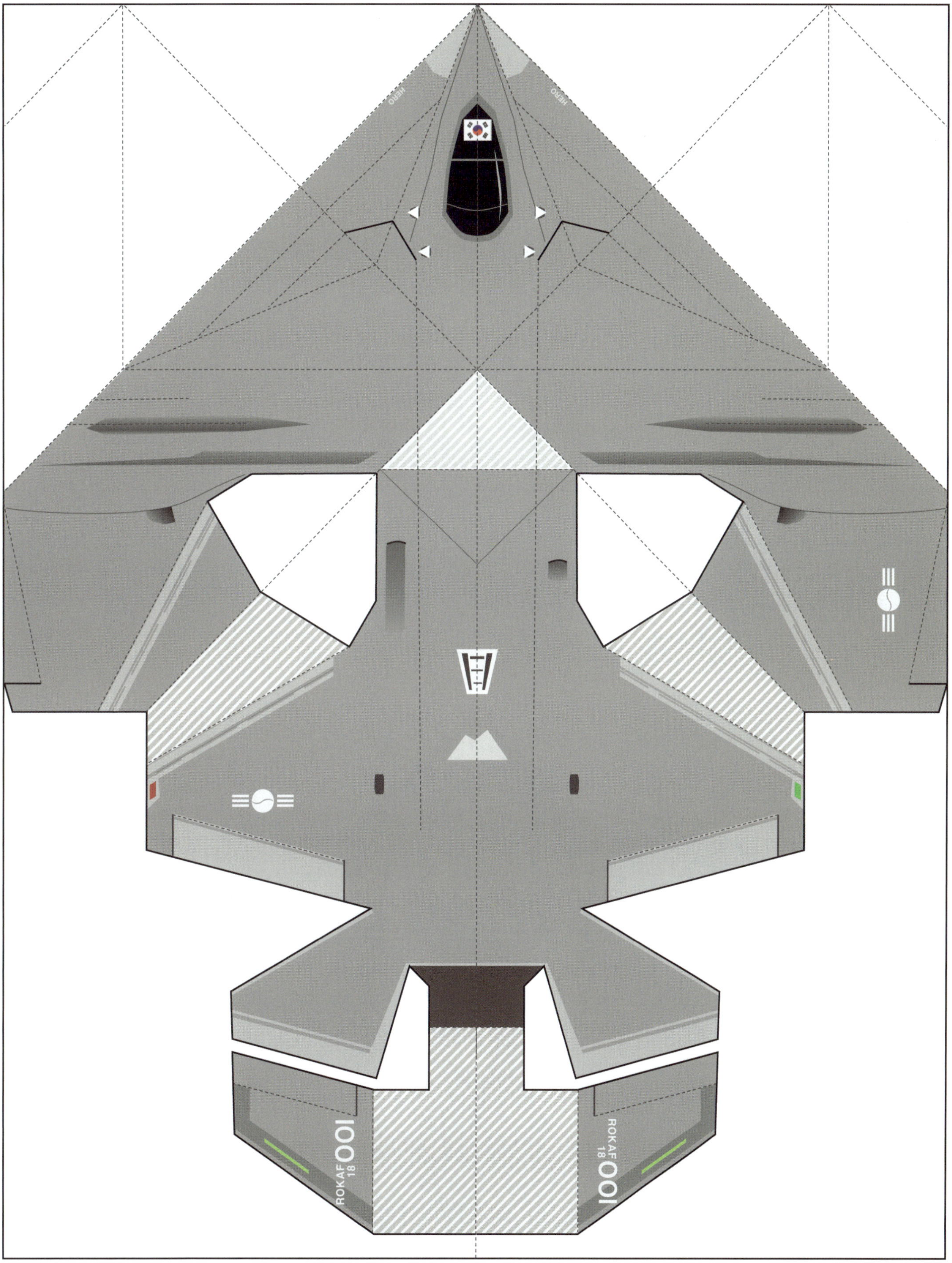

F-35 라이트닝 II 대한민국 공군버전 Lightning II Kor ver. 접는 방법 41페이지

절취선 ——
접는선 - - - -
보조선 ——

접는 방법 보기

기본 접기에 익숙하지 않은 분은 옆의 QR코드영상을 참고하세요! ▶

기본 접기 보기

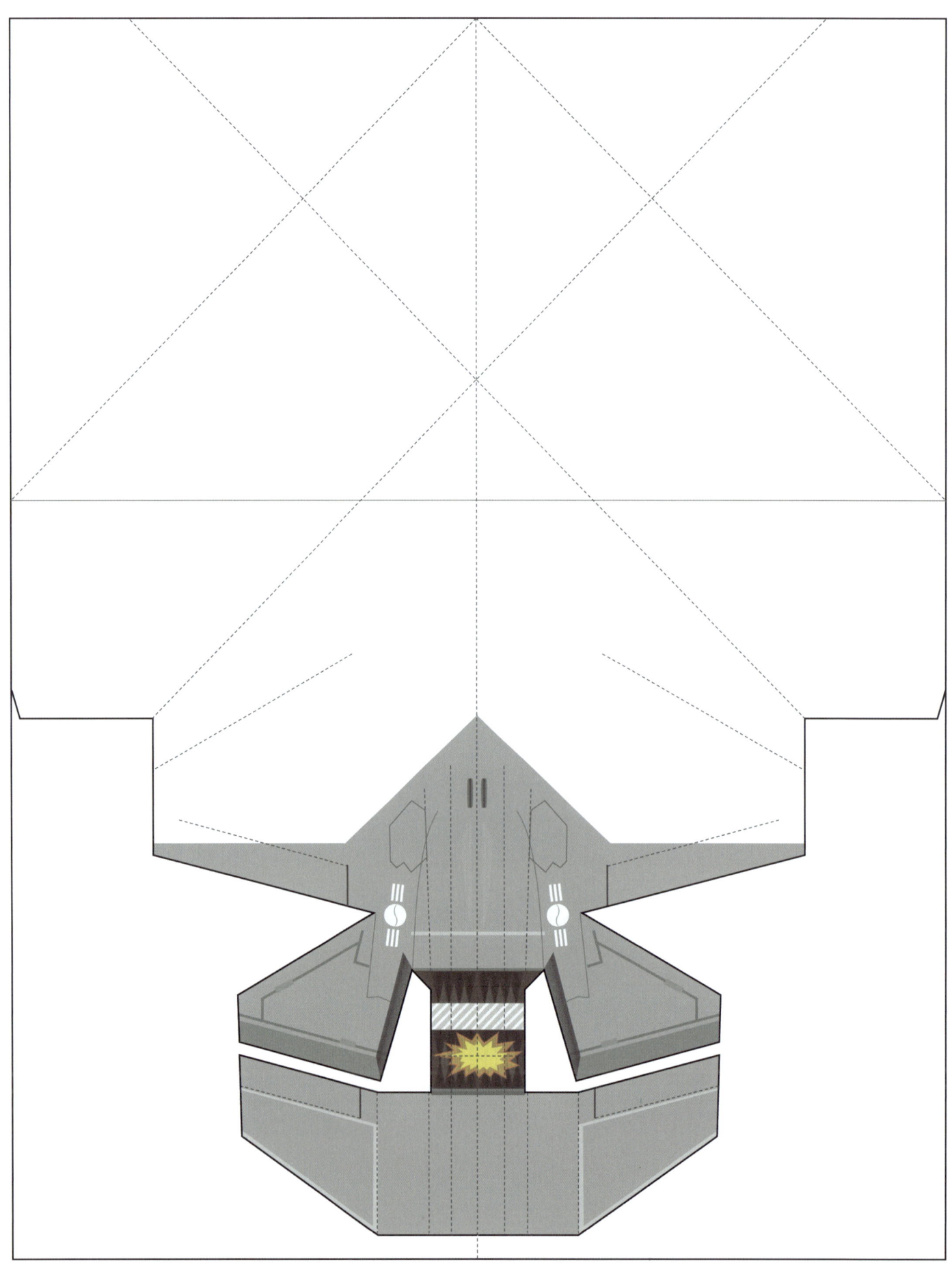

절취선 ──
접는선 ----
보조선 ──

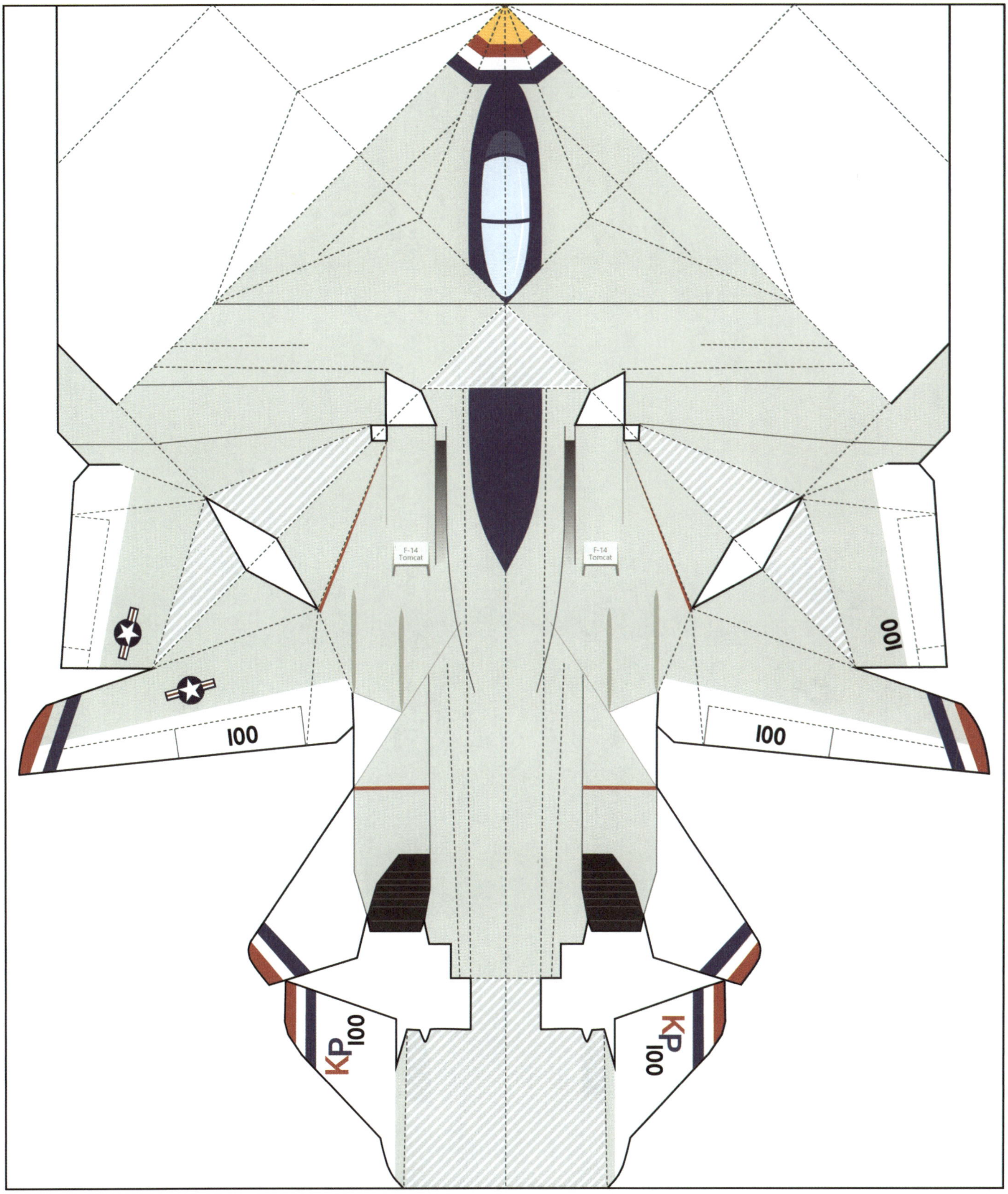

F-14 톰캣 Tomcat 접는 방법 44페이지

절취선 ——
접는선 ----
보조선 ——

접는 방법 보기

기본 접기에 익숙하지 않은 분은 옆
의 QR코드영상을 참고하세요! ▶

기본 접기 보기

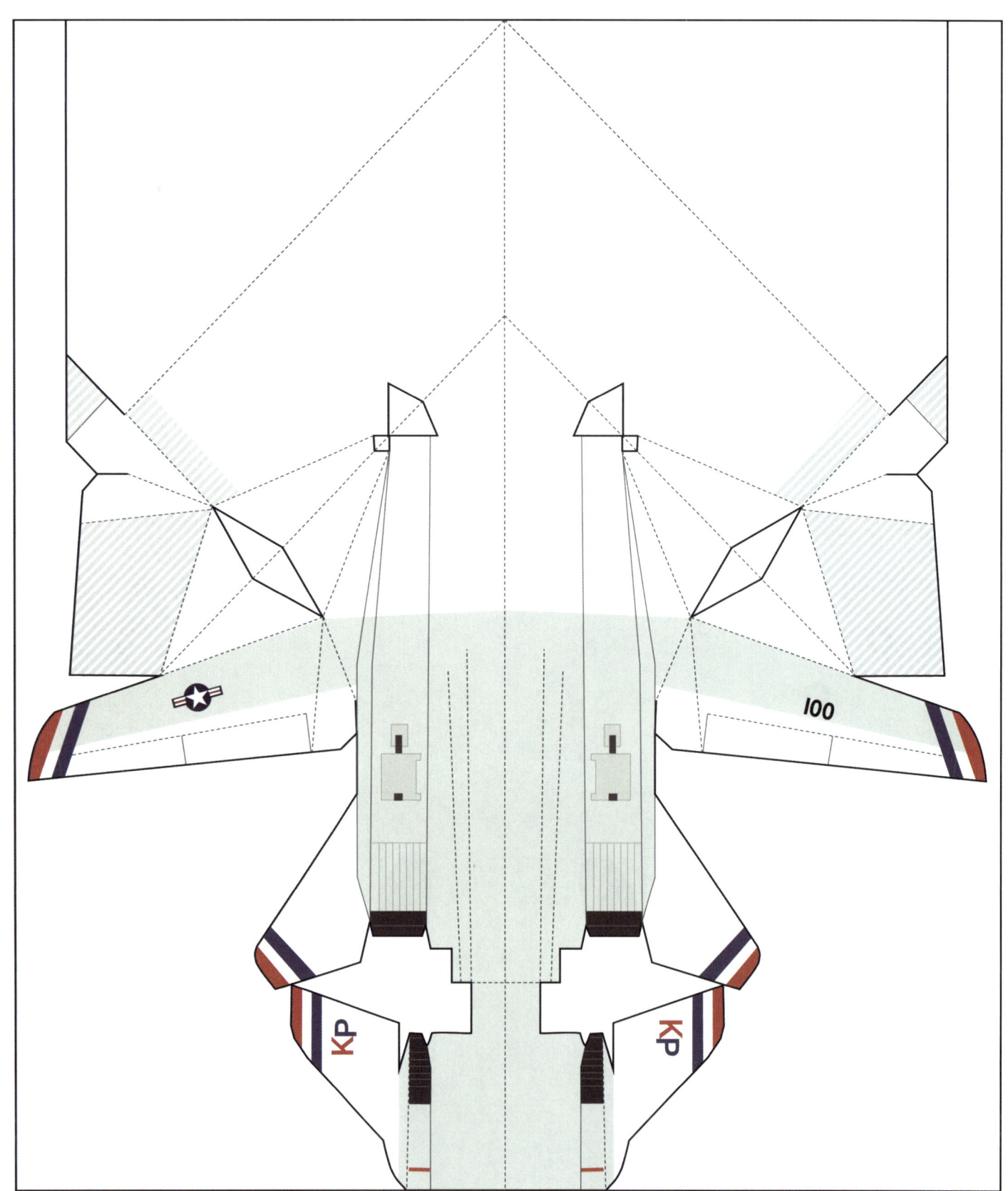

絶取線 ▬▬
接는線 - - - -
보조선 ▬▬

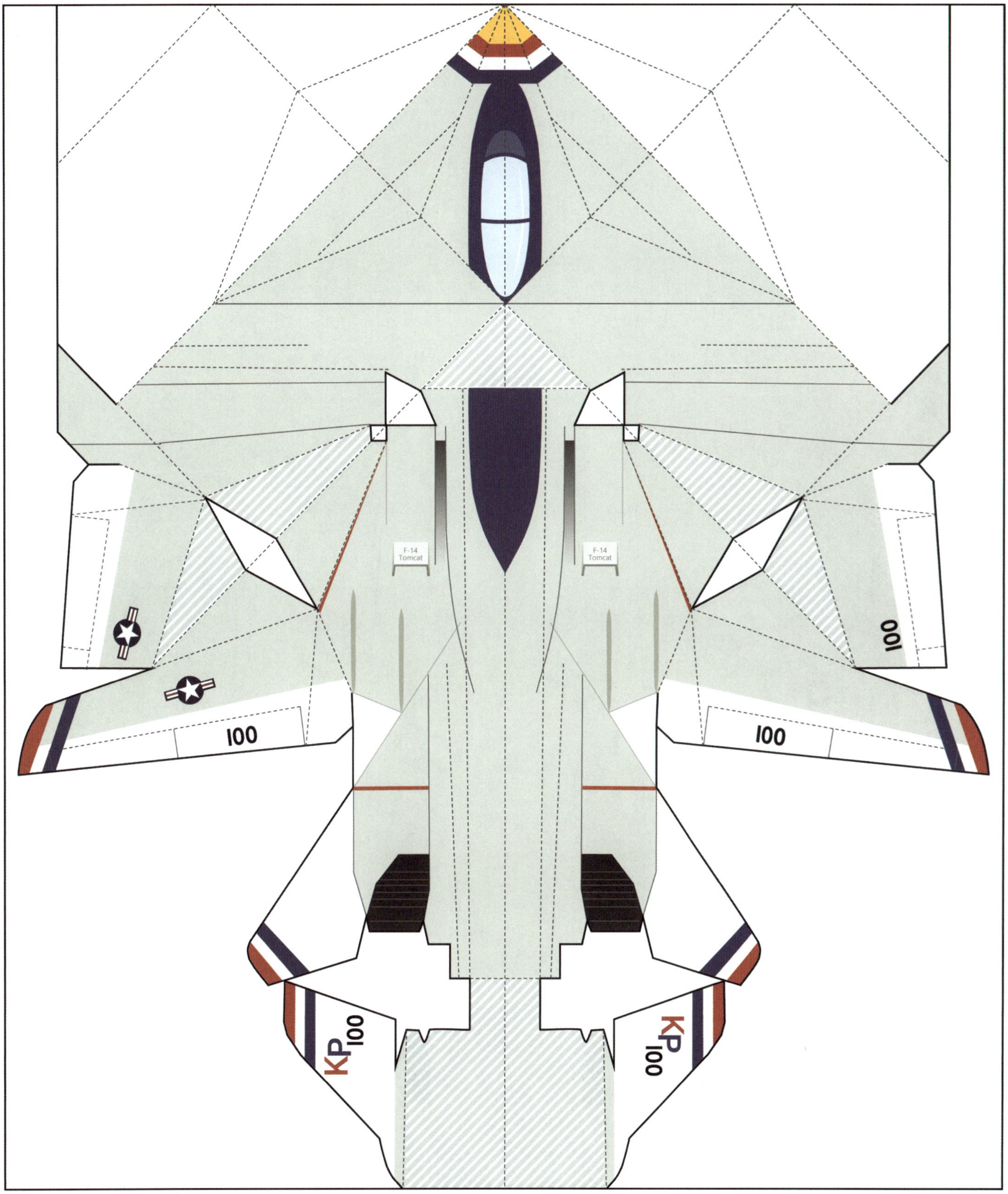

F-14 톰캣 Tomcat 접는 방법 44페이지

절취선 ——
접는선 - - - -
보조선 ——

접는 방법 보기

기본 접기에 익숙하지 않은 분은 옆
의 QR코드영상을 참고하세요! ▶

기본 접기 보기

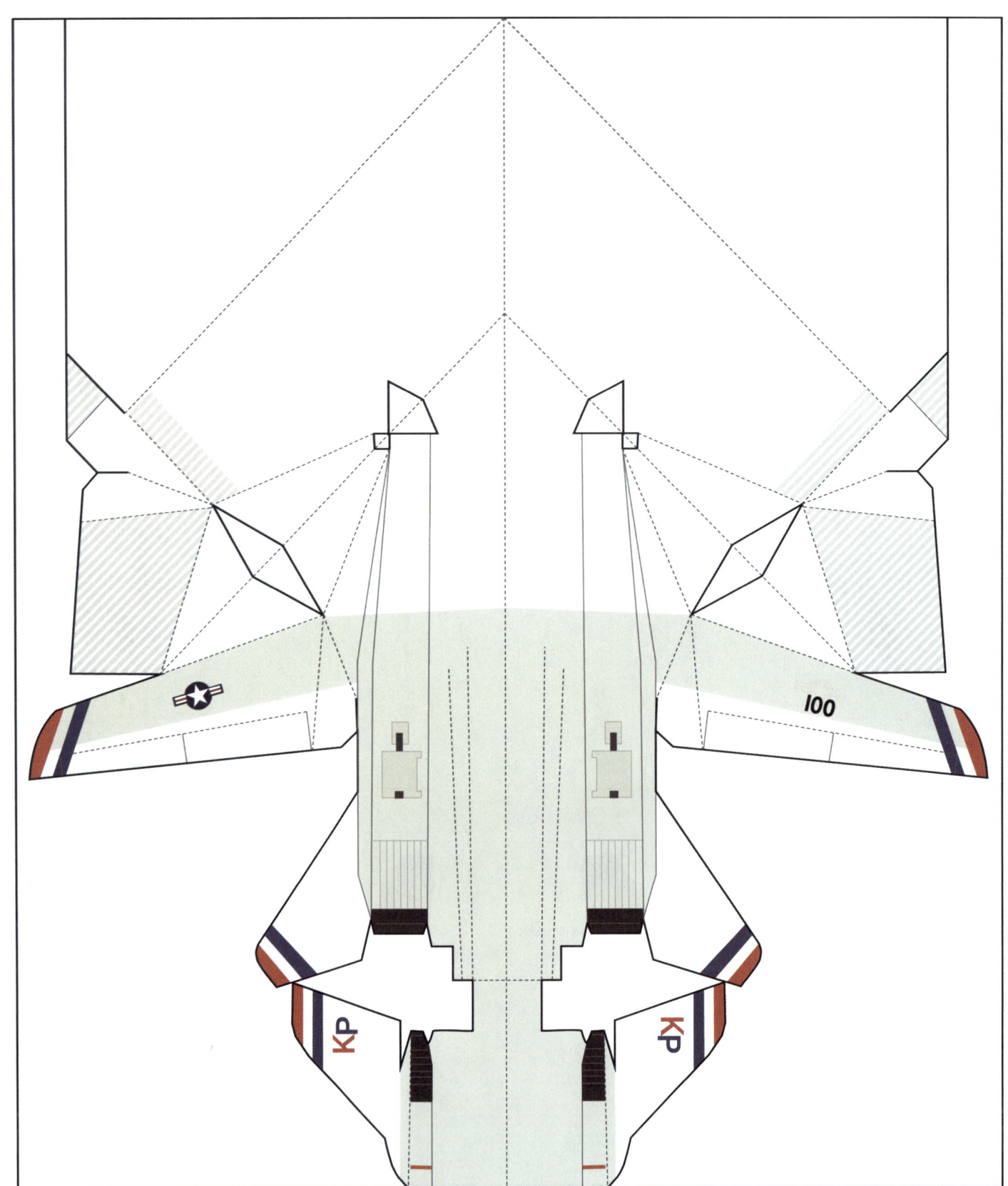

절취선 ——
접는선 - - - -
보조선 ——

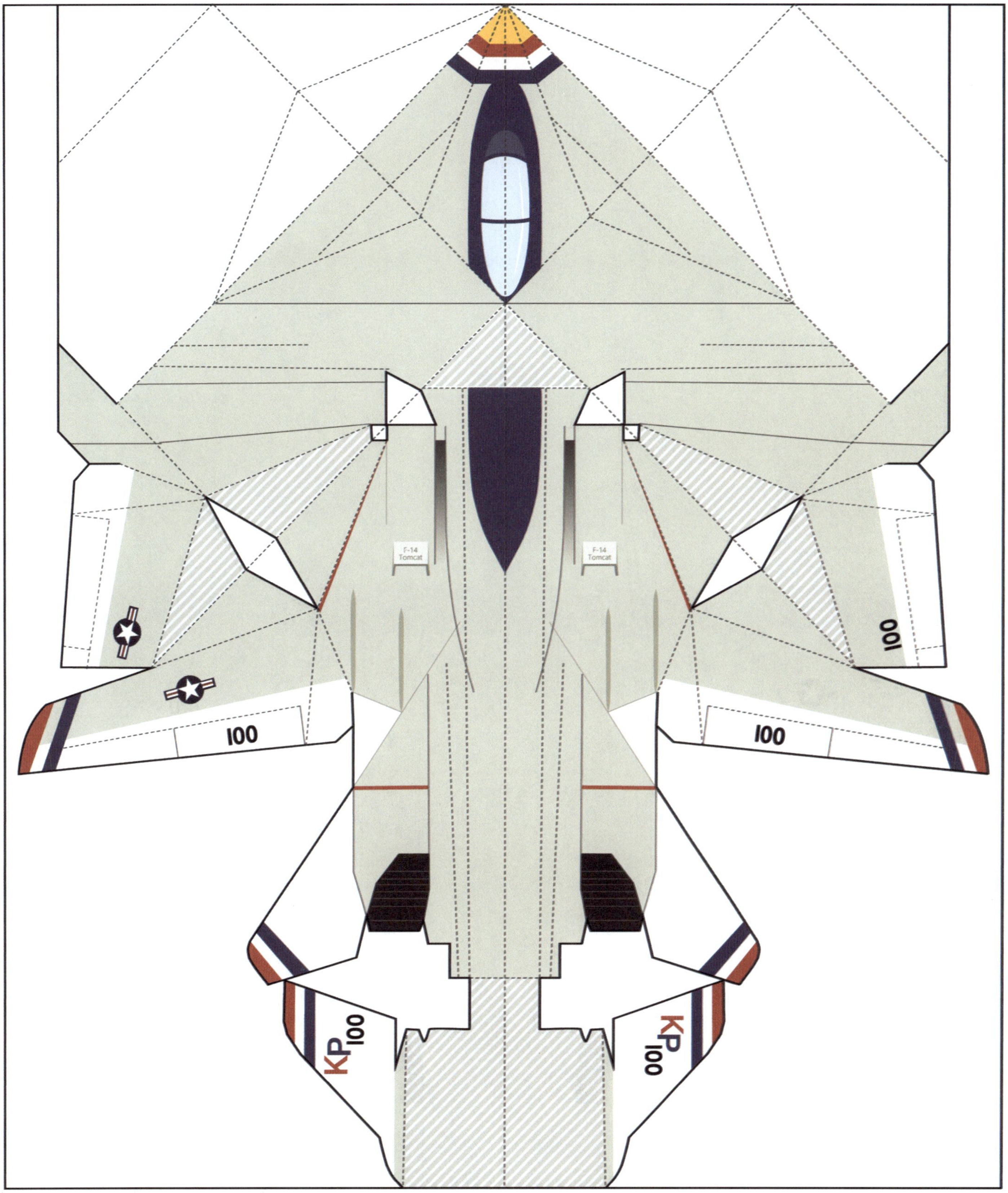

F-14 톰캣 Tomcat 접는 방법 44페이지

절취선 ——
접는선 - - - -
보조선 ——

접는 방법 보기

기본 접기에 익숙하지 않은 분은 옆
의 QR코드영상을 참고하세요! ▶

기본 접기 보기

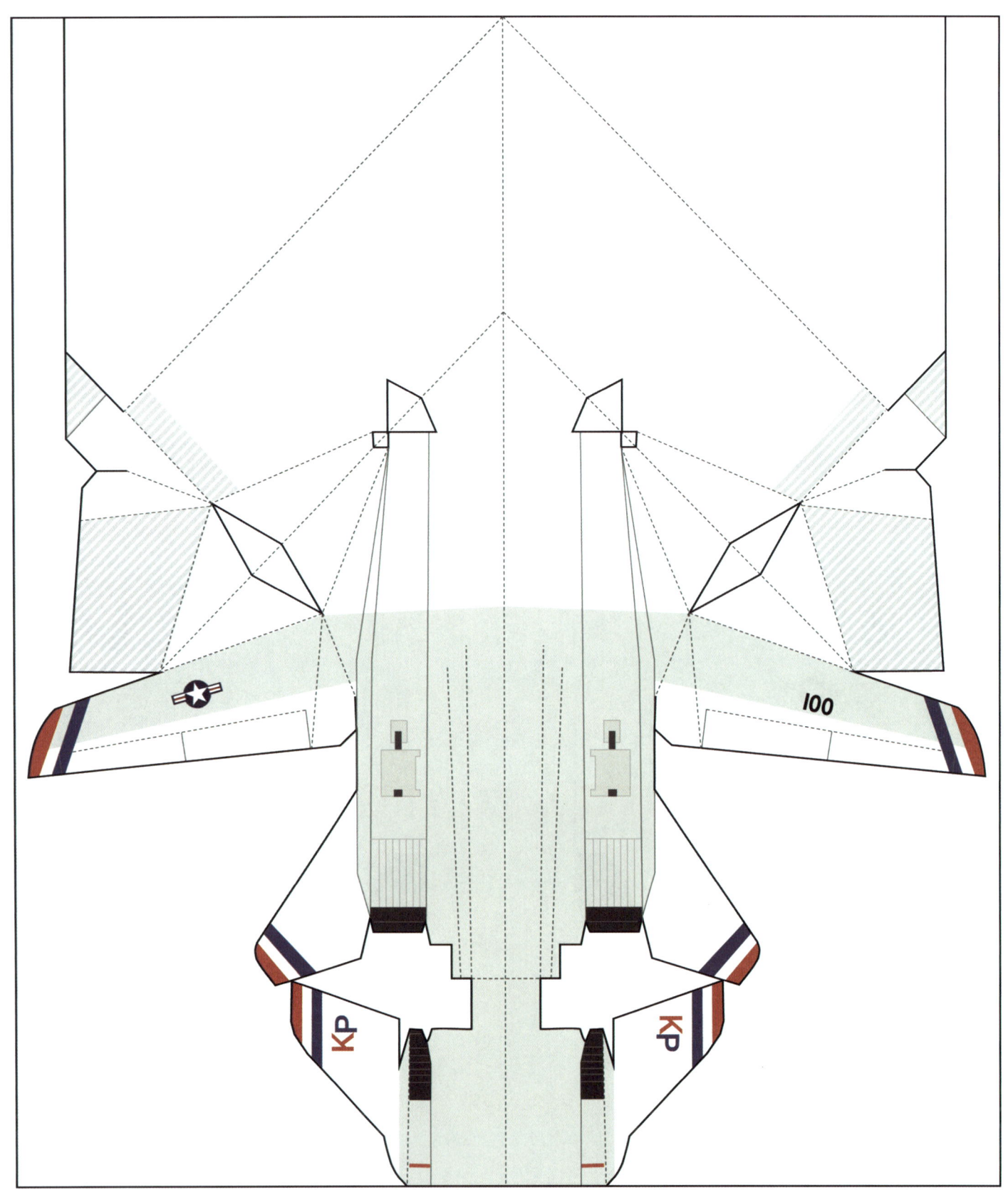

절취선 ——
접는선 ----
보조선 ——

Su-47 베르쿠트 Berkut 접는 방법 50페이지

절취선 ——
접는선 - - - -
보조선 ——

접는 방법 보기

기본 접기에 익숙하지 않은 분은 옆
의 QR코드영상을 참고하세요! ▶

기본 접기 보기

절취선——
접는선----
보조선——

절취선 ———
접는선 - - - -
보조선 ———

Su-47 베르쿠트 Berkut 접는 방법 50페이지

접는 방법 보기

기본 접기에 익숙하지 않은 분은 옆의 QR코드영상을 참고하세요! ▶

기본 접기 보기

절취선 ——
접는선 - - - -
보조선 ——

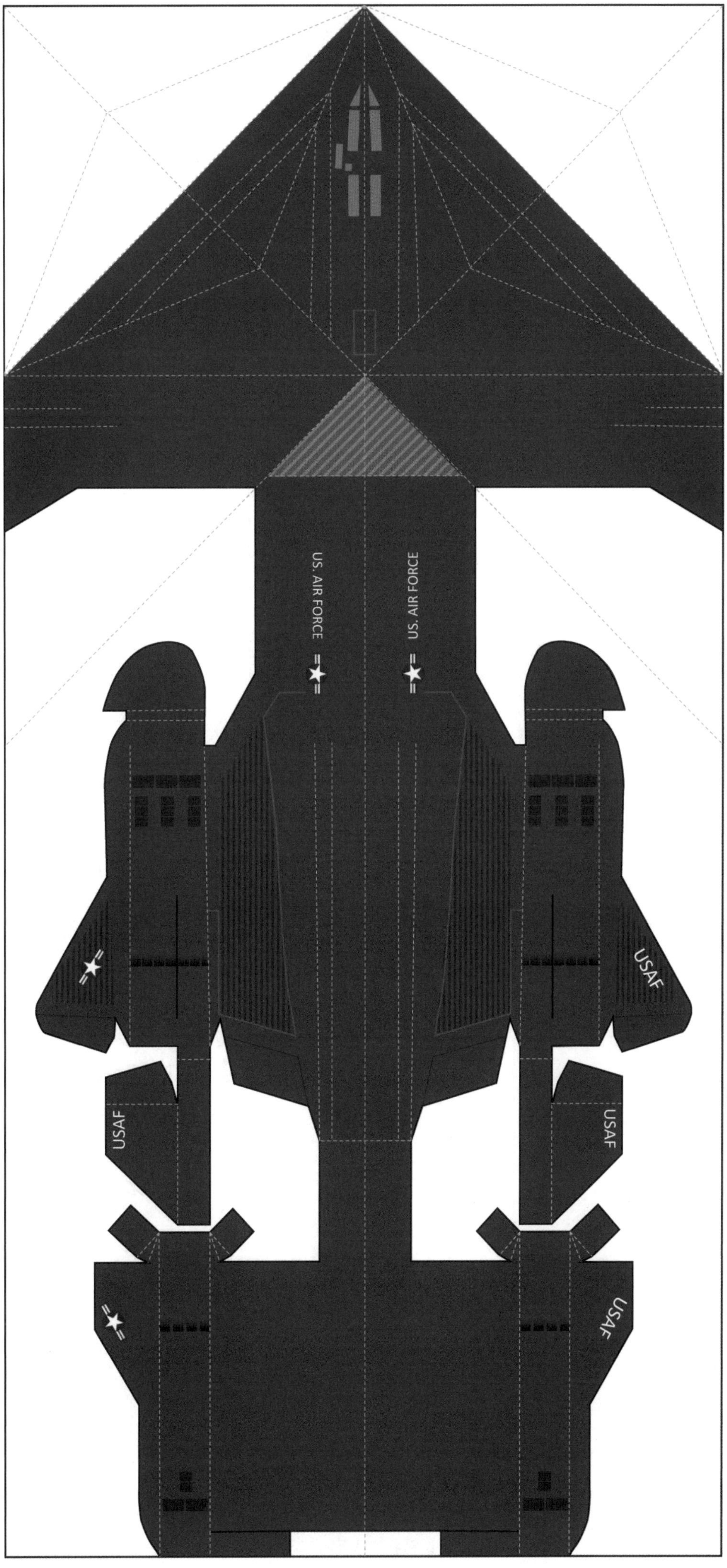

절취선 ─── |

접는선 ----

보조선 ───

접는 방법 보기

US. AIR FORCE

US. AIR FORCE

USAF

USAF

USAF

USAF

기본 접기에 익숙하지 않은 분은 아래 QR코드 영상을 참고하세요! ▼

기본 접기 보기

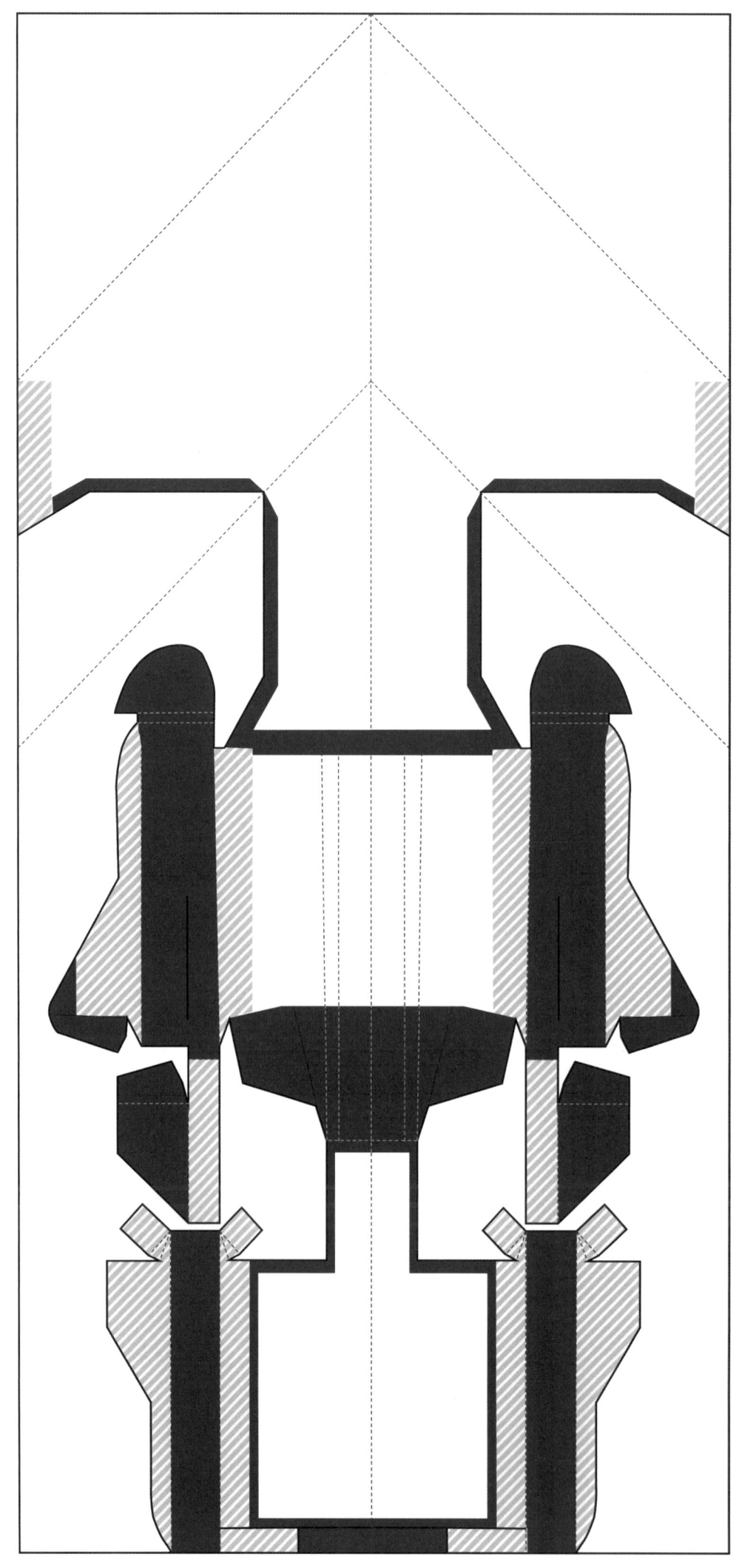

절취선———
접는선----
보조선———

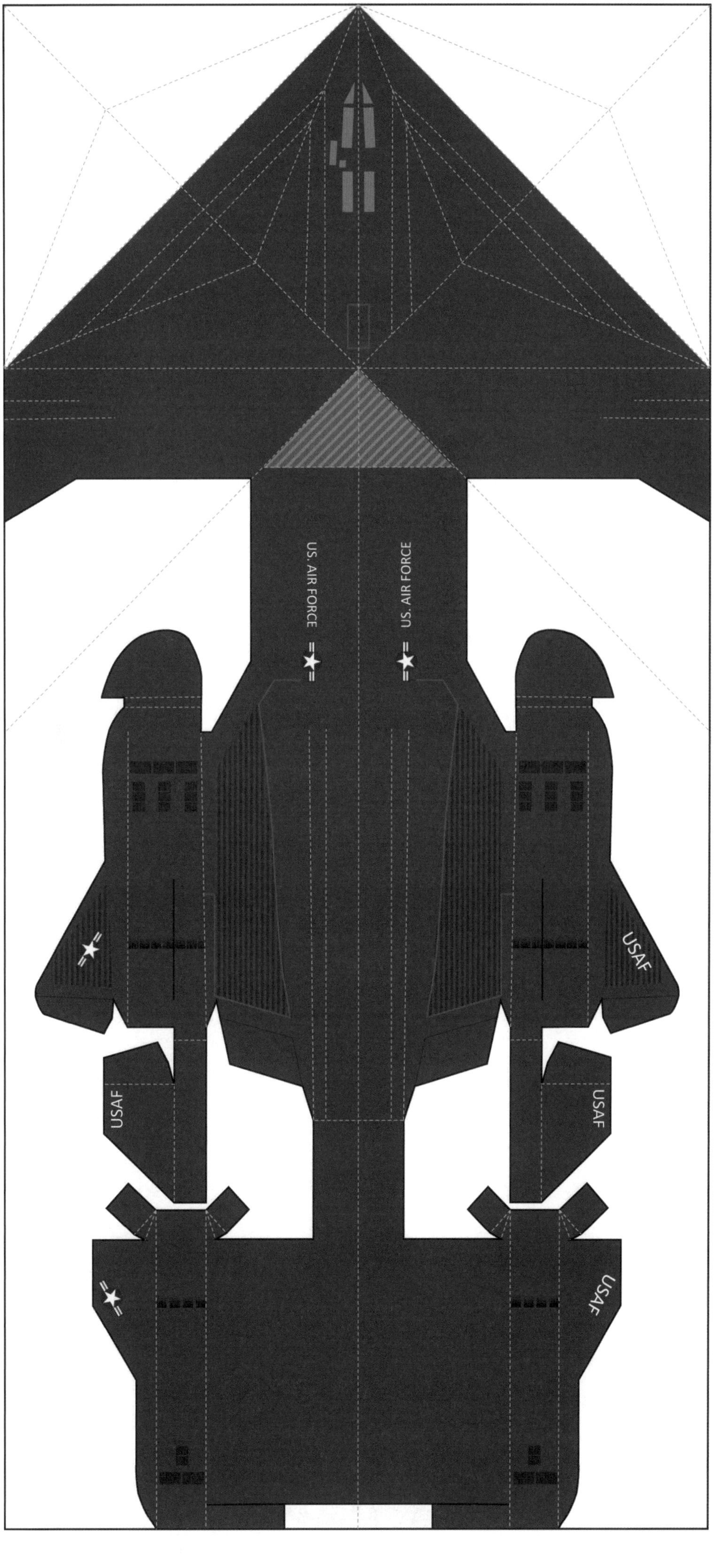

절취선 ——
접는선 ----
보조선 ——

접는 방법 보기

US. AIR FORCE

US. AIR FORCE

USAF

USAF

USAF

USAF

기본 접기 보기

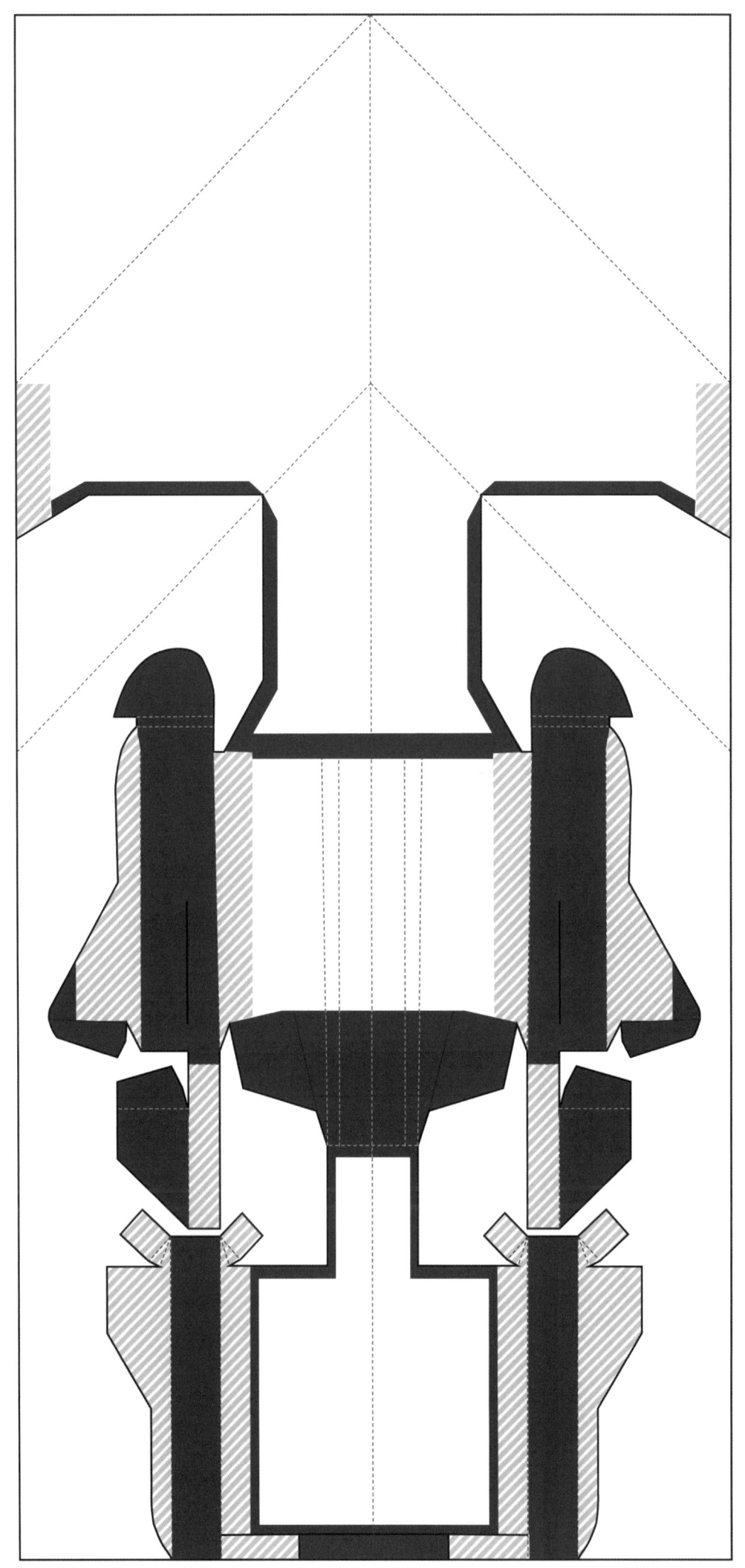

절취선——
접는선----
보조선——

114

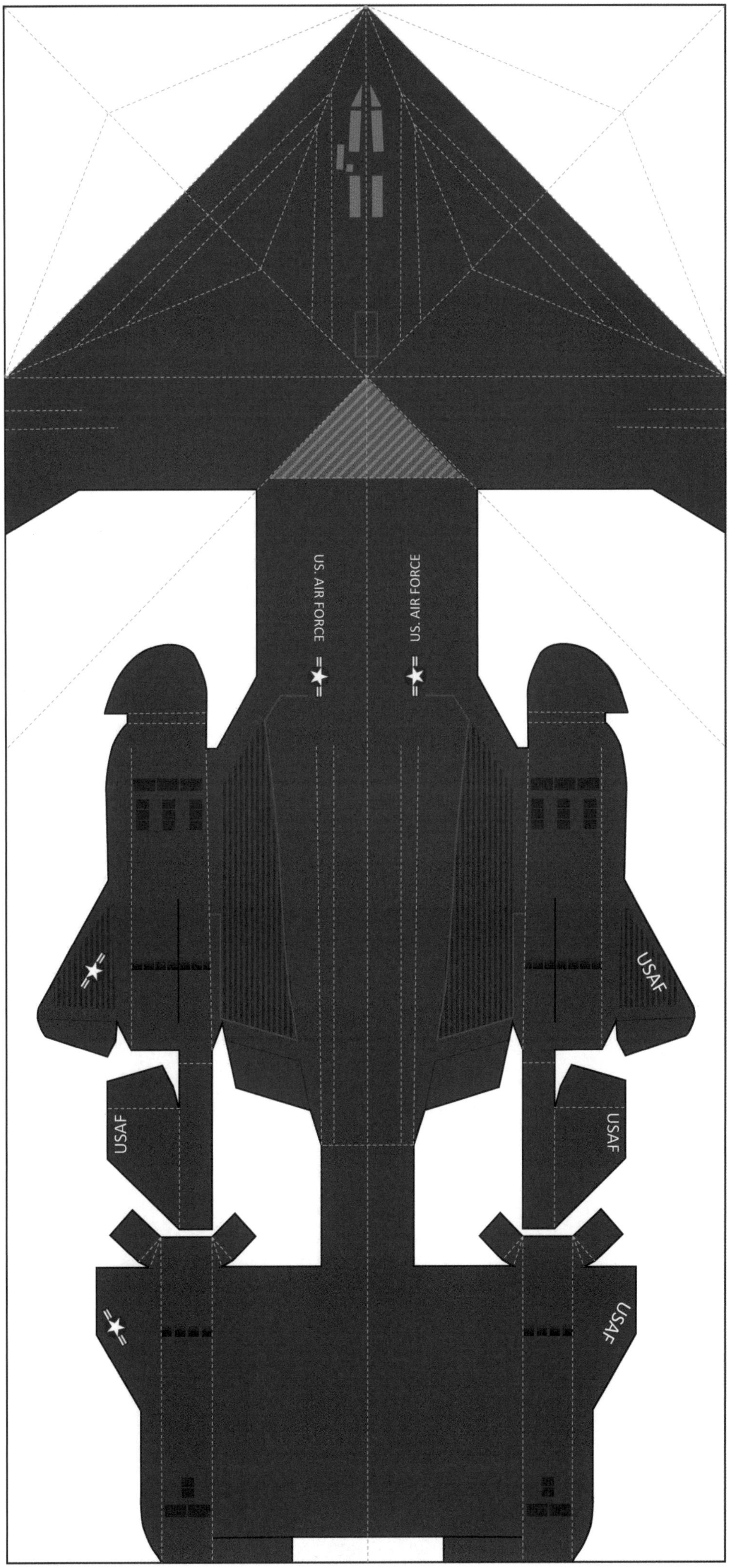

절취선 ——
접는선 ----
보조선 ——

접는 방법 보기

US. AIR FORCE

US. AIR FORCE

USAF

USAF

USAF

USAF

기본 접기 보기

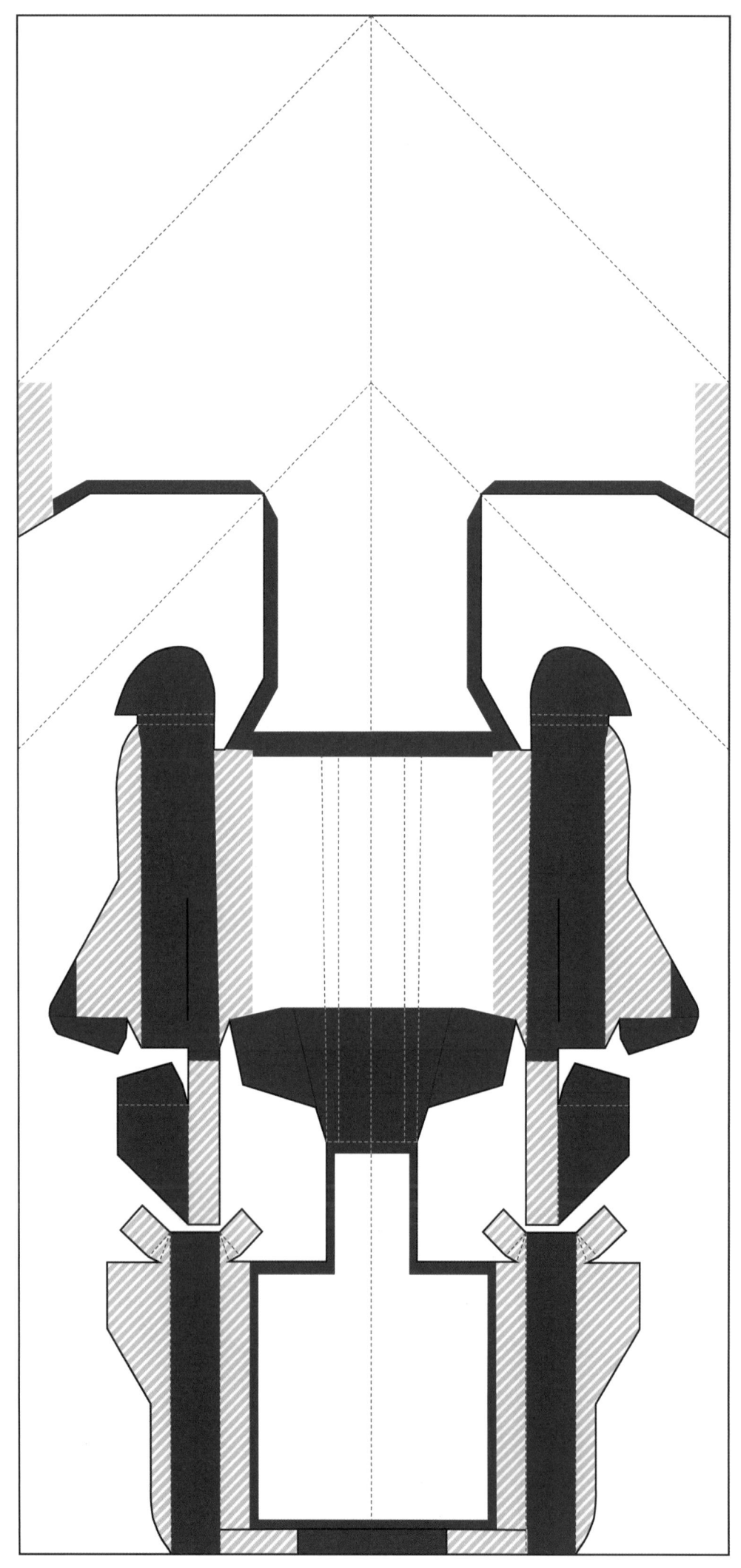

절취선———
접는선----
보조선——

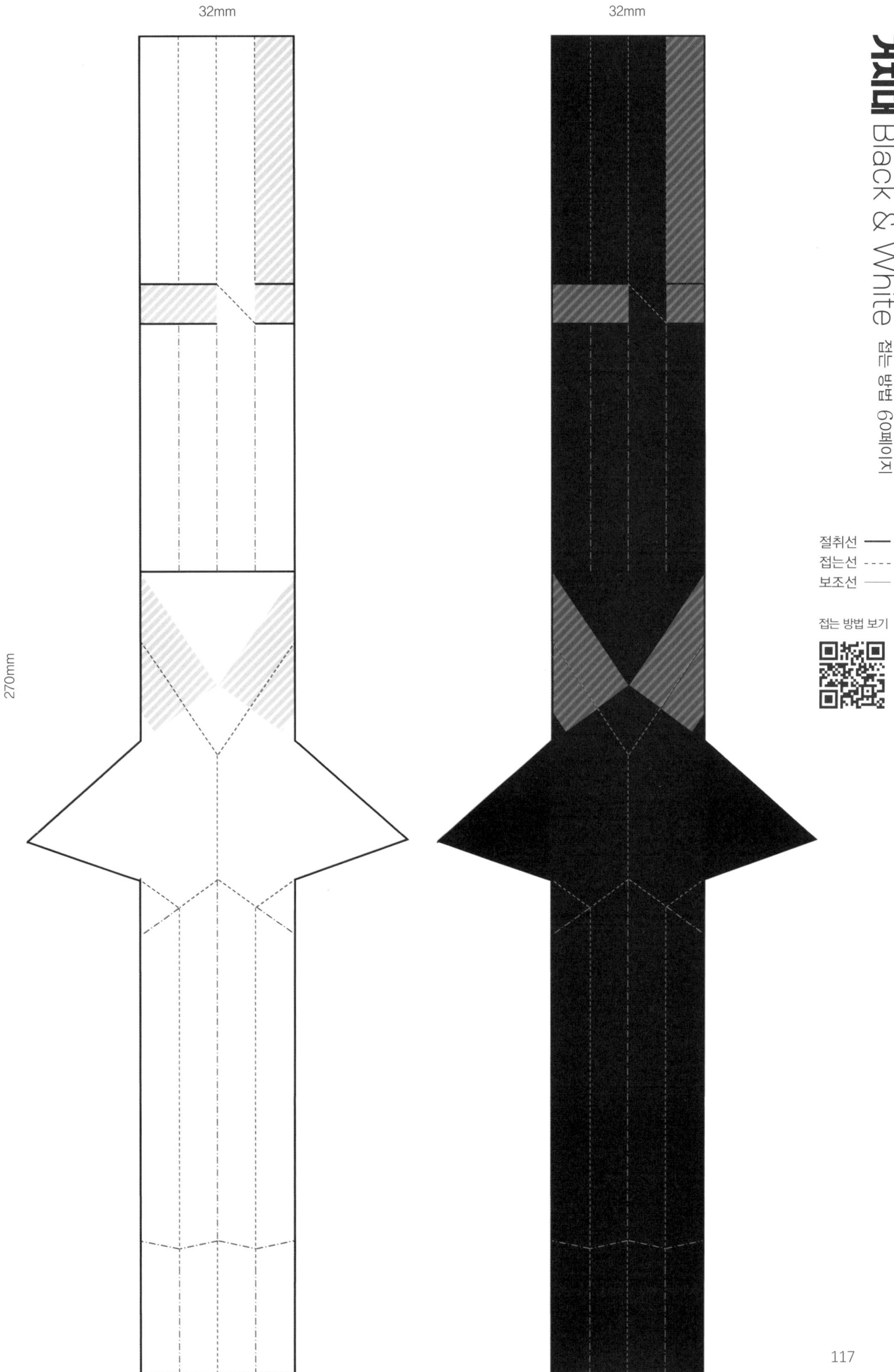

32mm

32mm

270mm

커치마 Black & White 접는 방법 60페이지

절취선 ——
접는선 -----
보조선 ——

접는 방법 보기

117

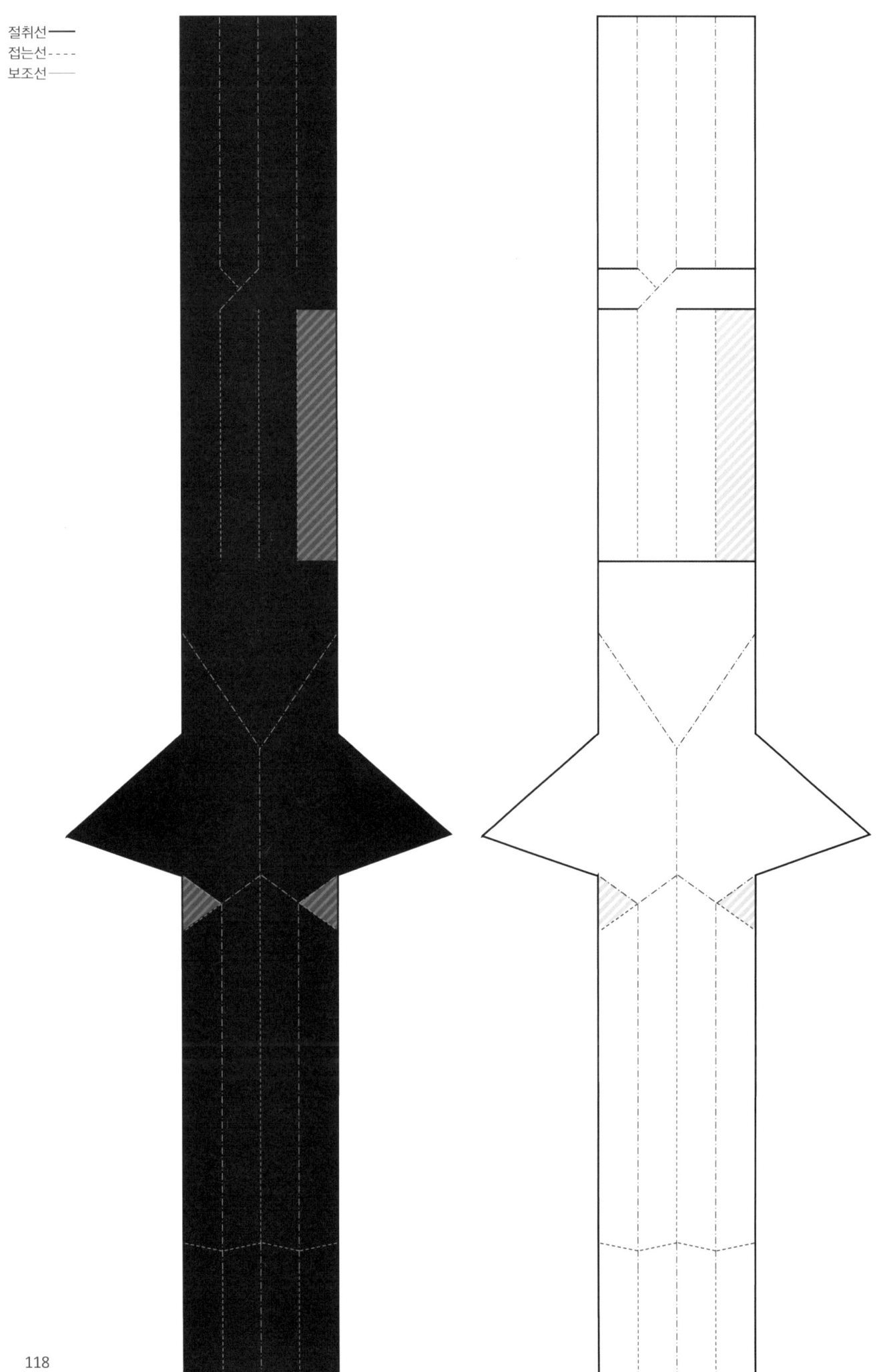

절취선———
접는선----
보조선———

118

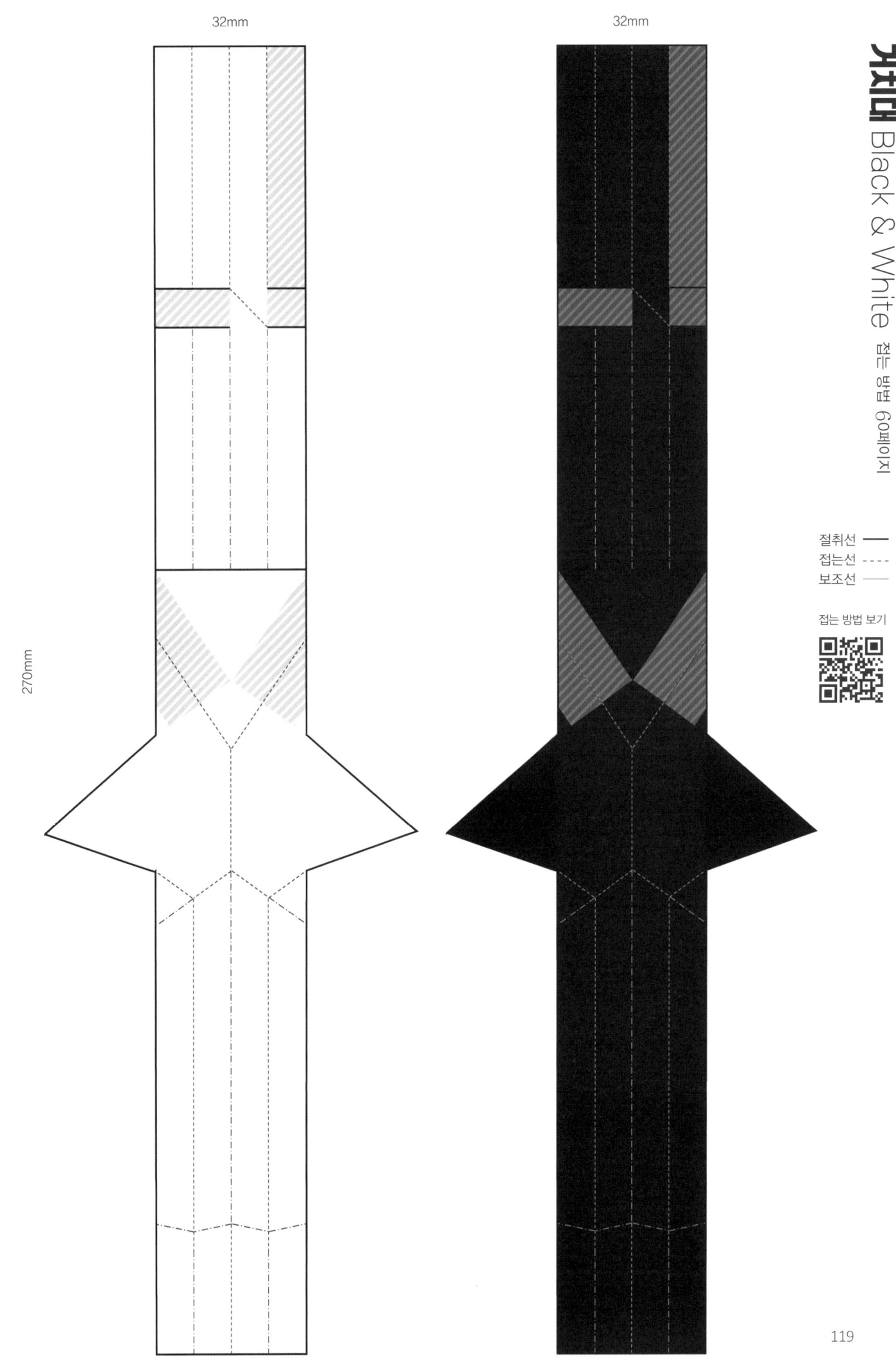

32mm

32mm

270mm

절취선 ▬
접는선 ----
보조선 ▬

접는 방법 보기

절취선——

접는선----

보조선——

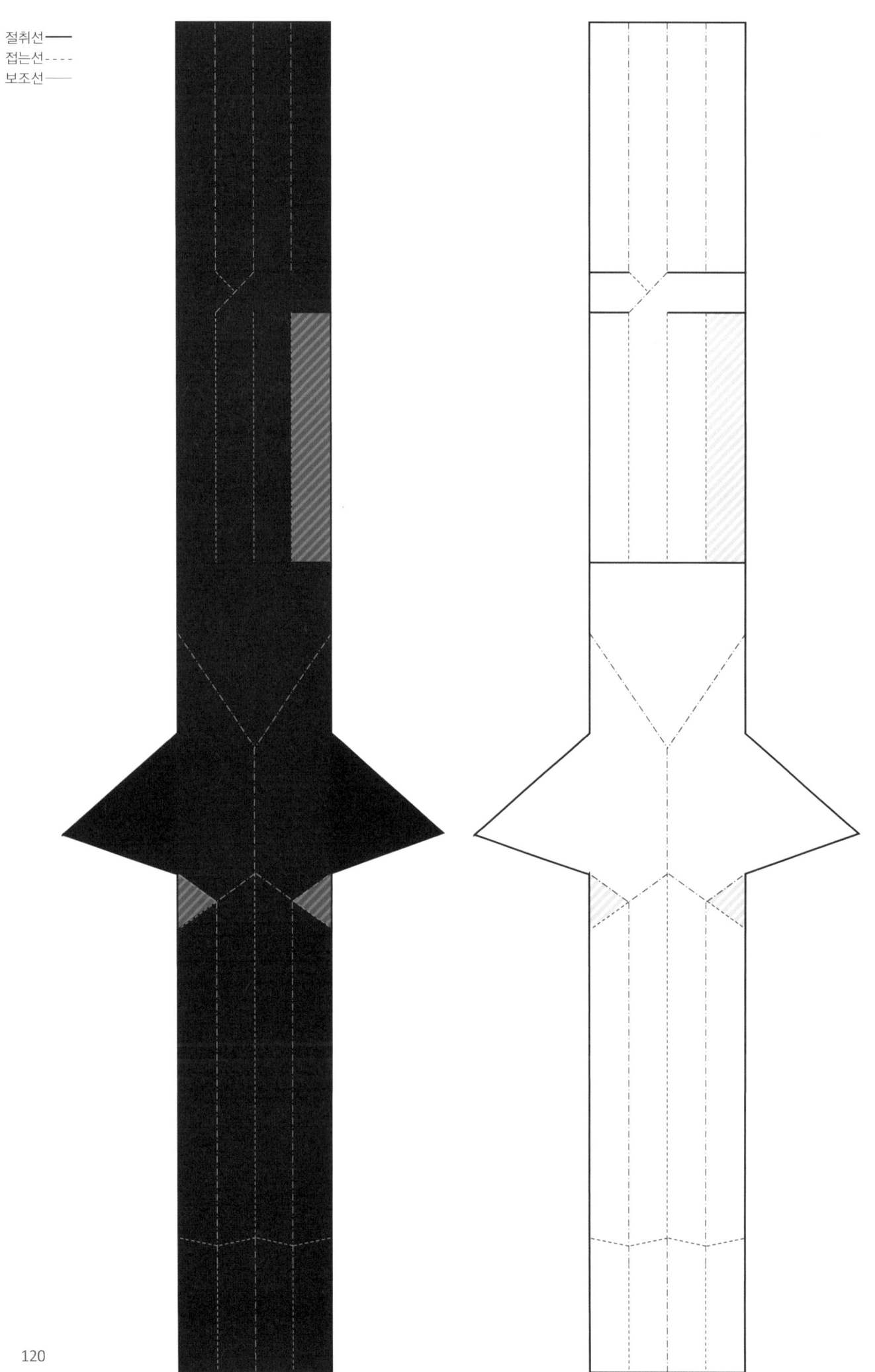

120

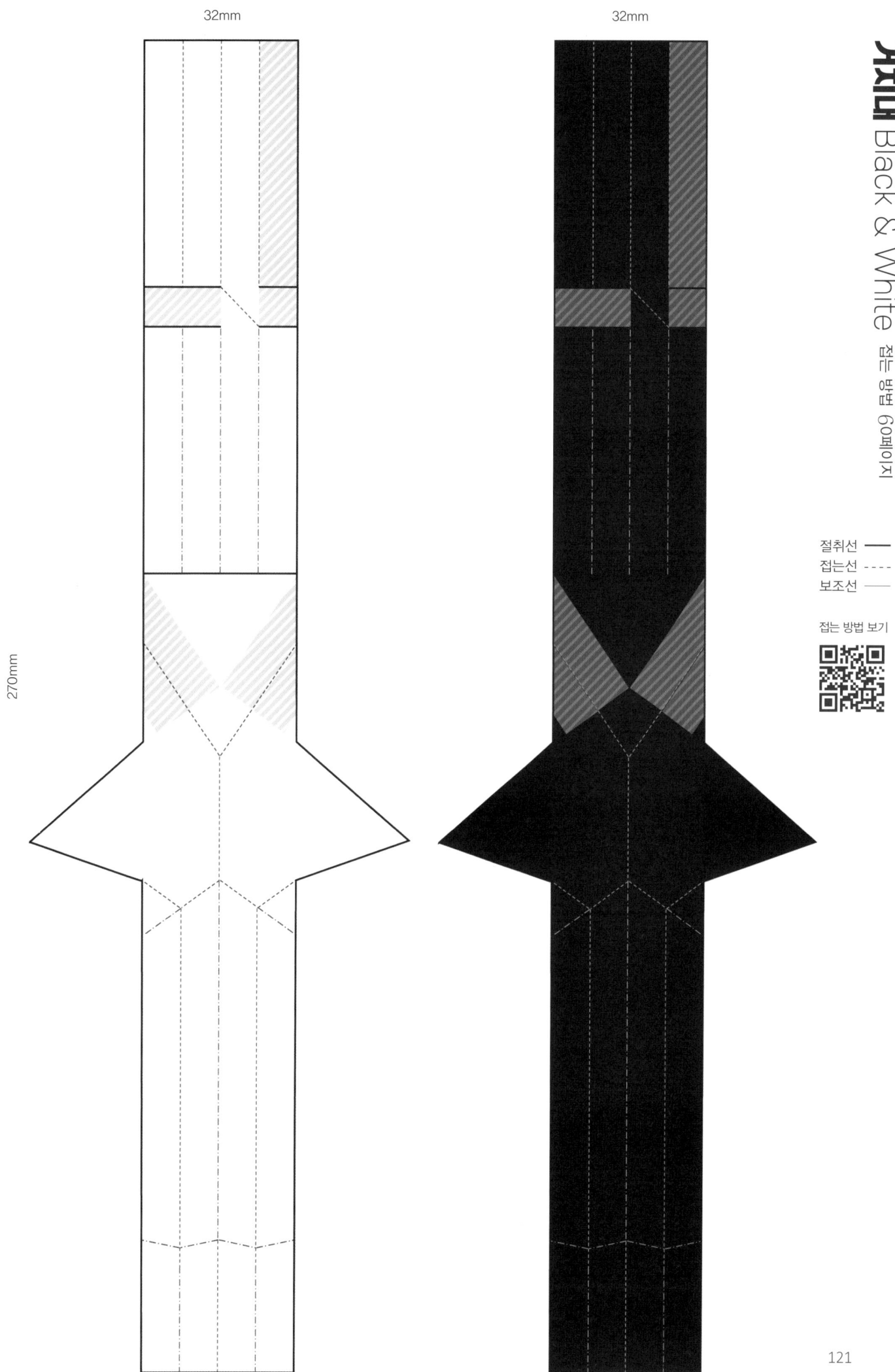

32mm

32mm

270mm

절취선 ——
접는선 ----
보조선 ——

접는 방법 보기

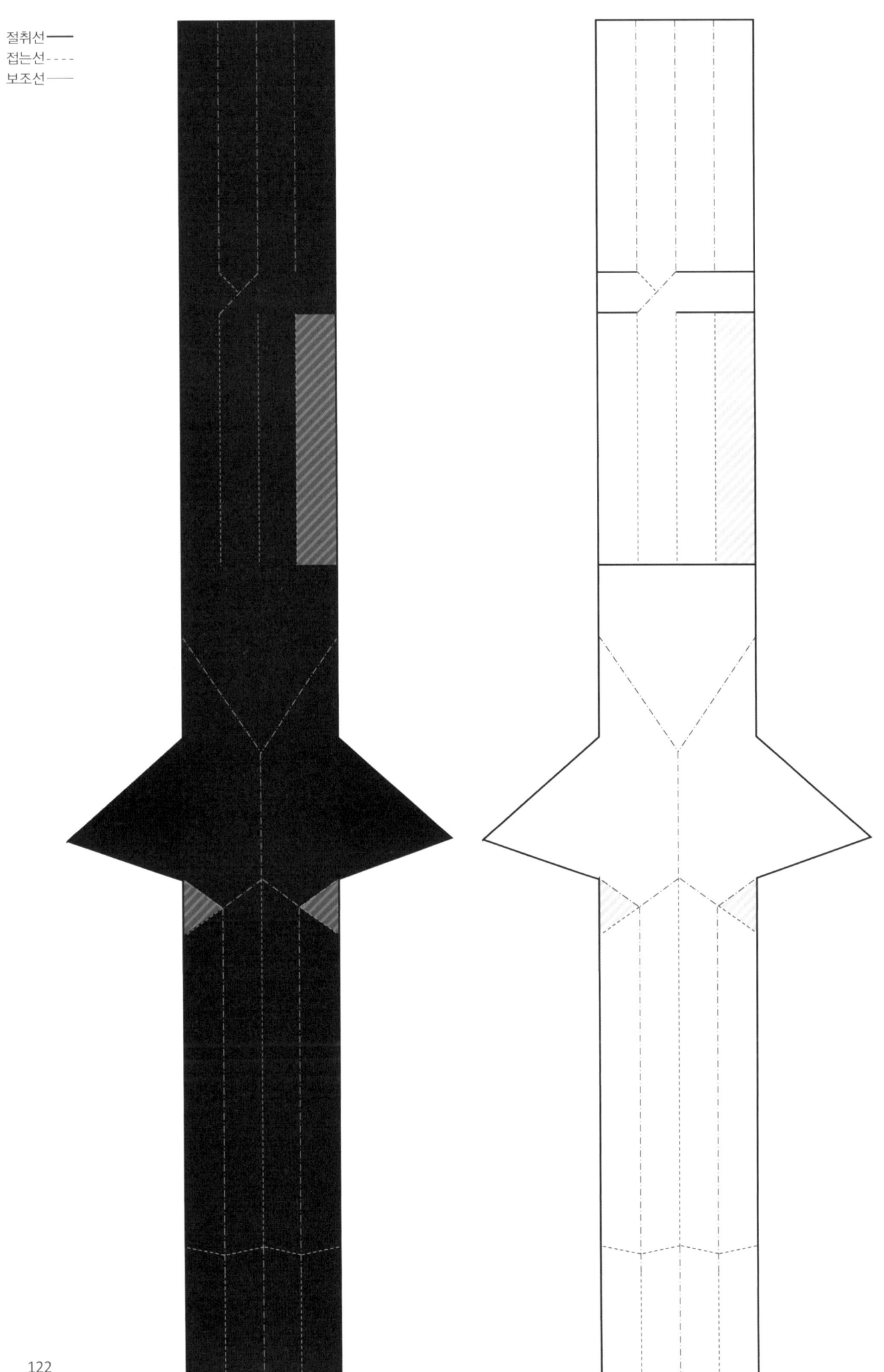

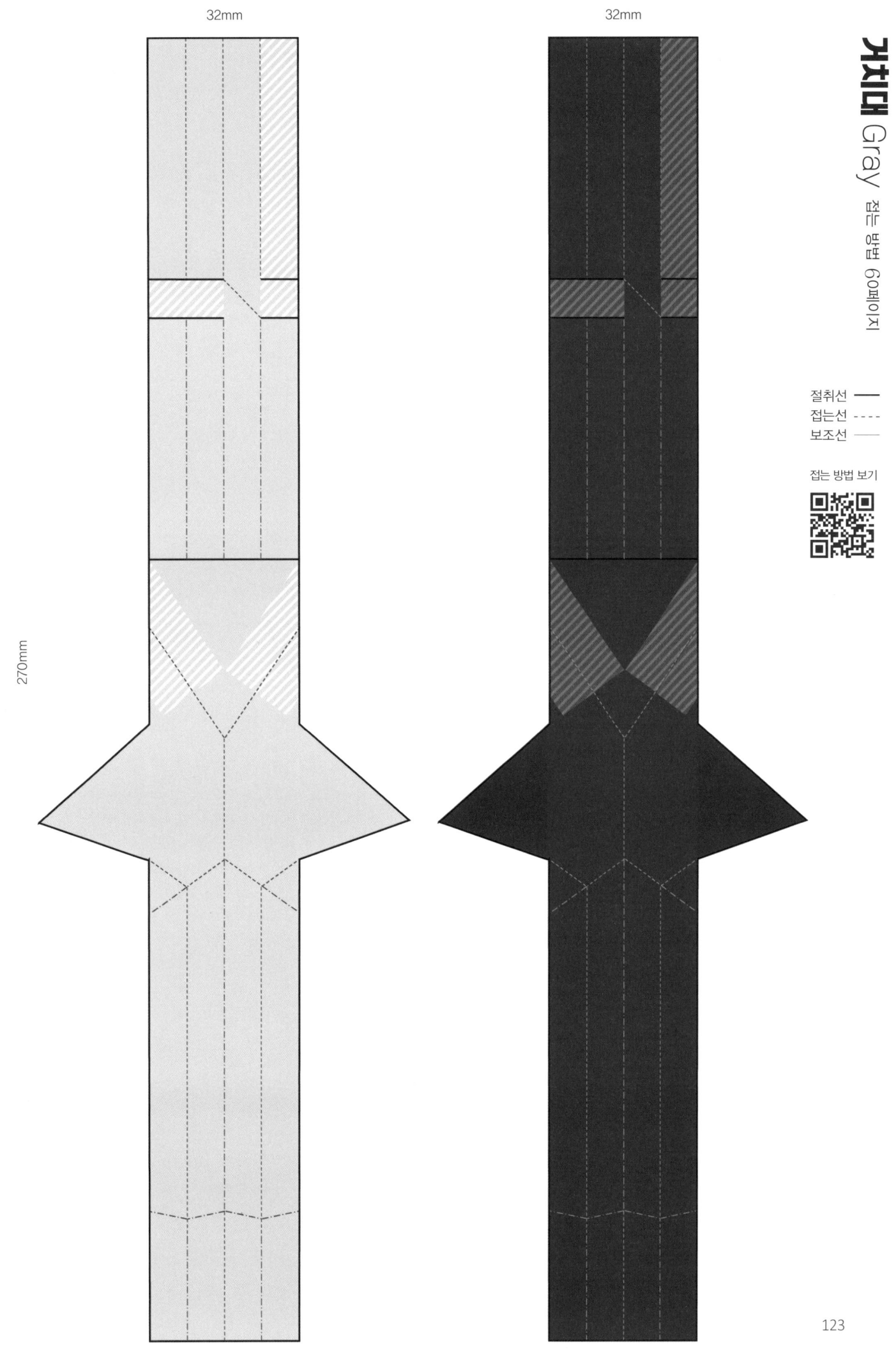

커치마 Gray 접는 방법 60페이지

270mm

절취선 —
접는선 ----
보조선 ——

접는 방법 보기

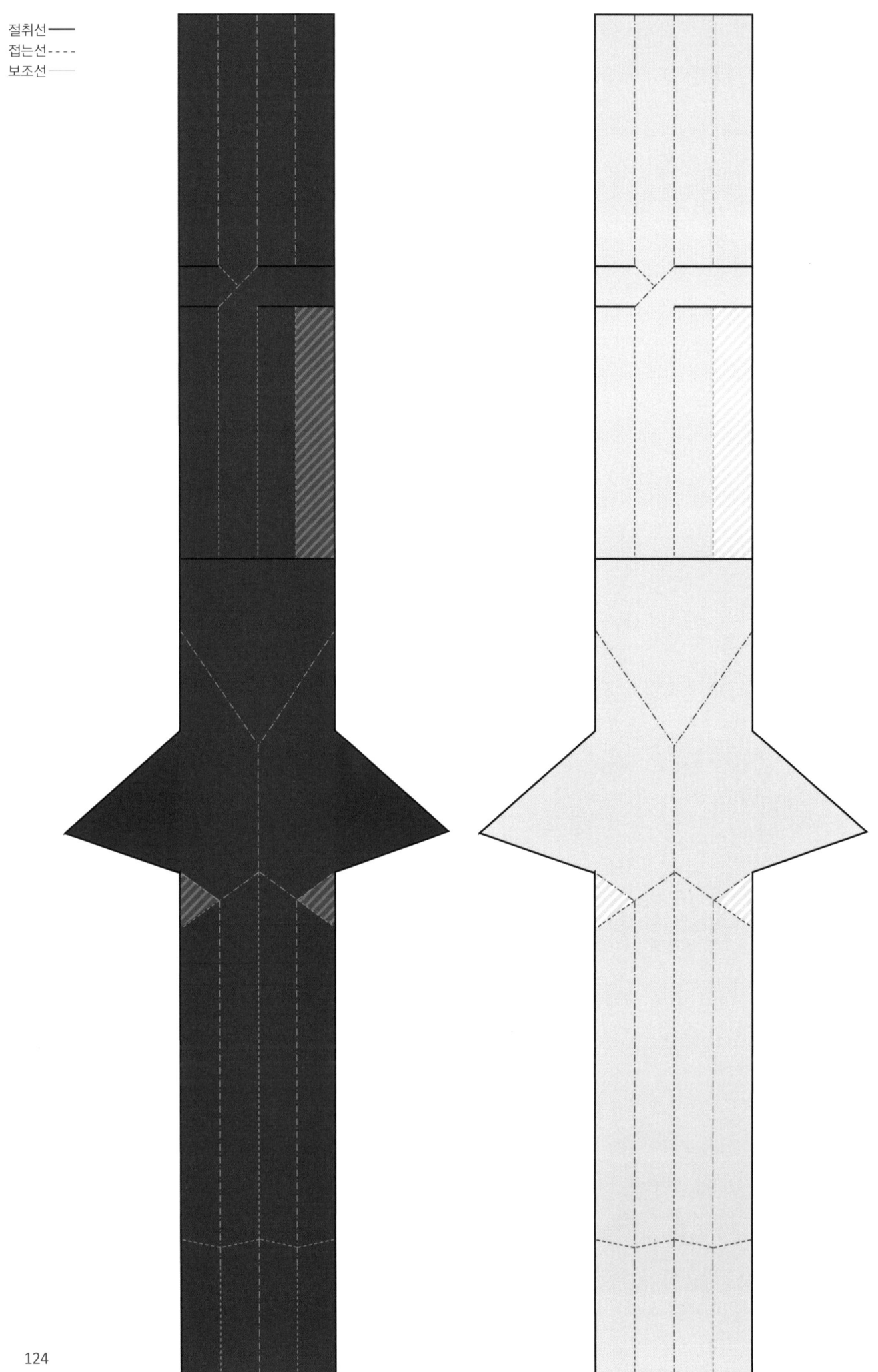

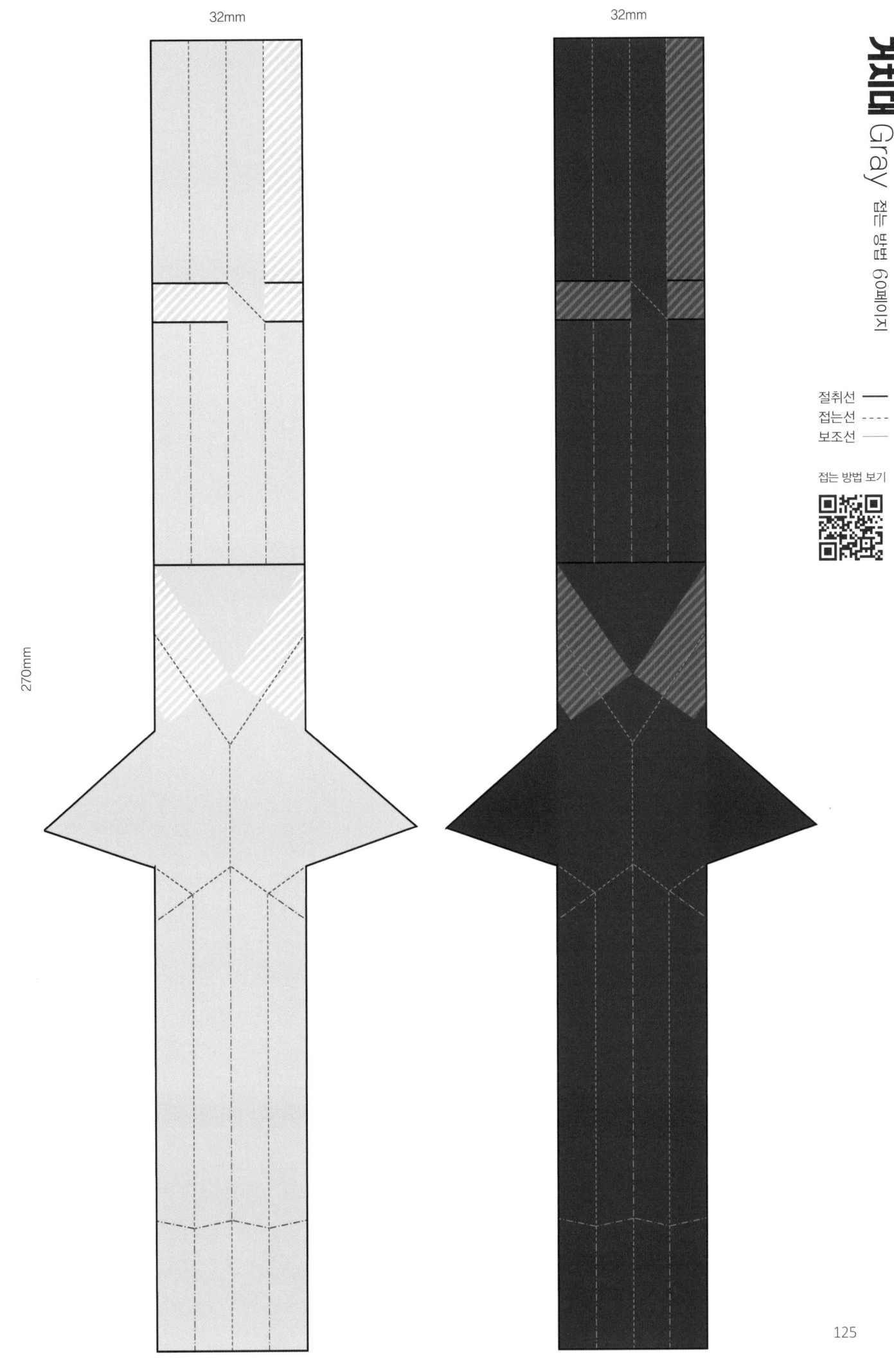

32mm

32mm

270mm

커치마 Gray 접는 방법 60페이지

절취선 ——
접는선 ----
보조선 ——

접는 방법 보기

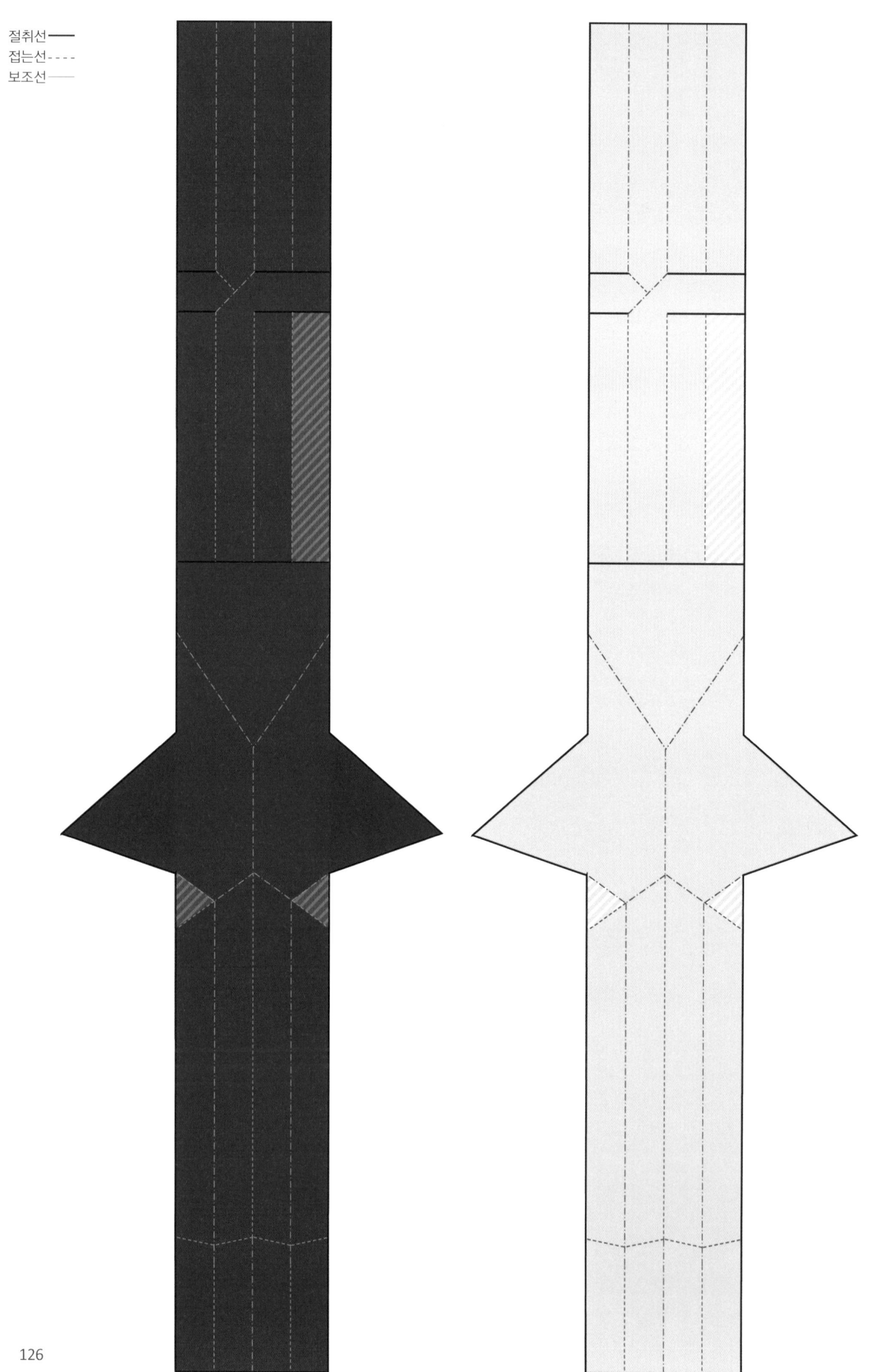

32mm

32mm

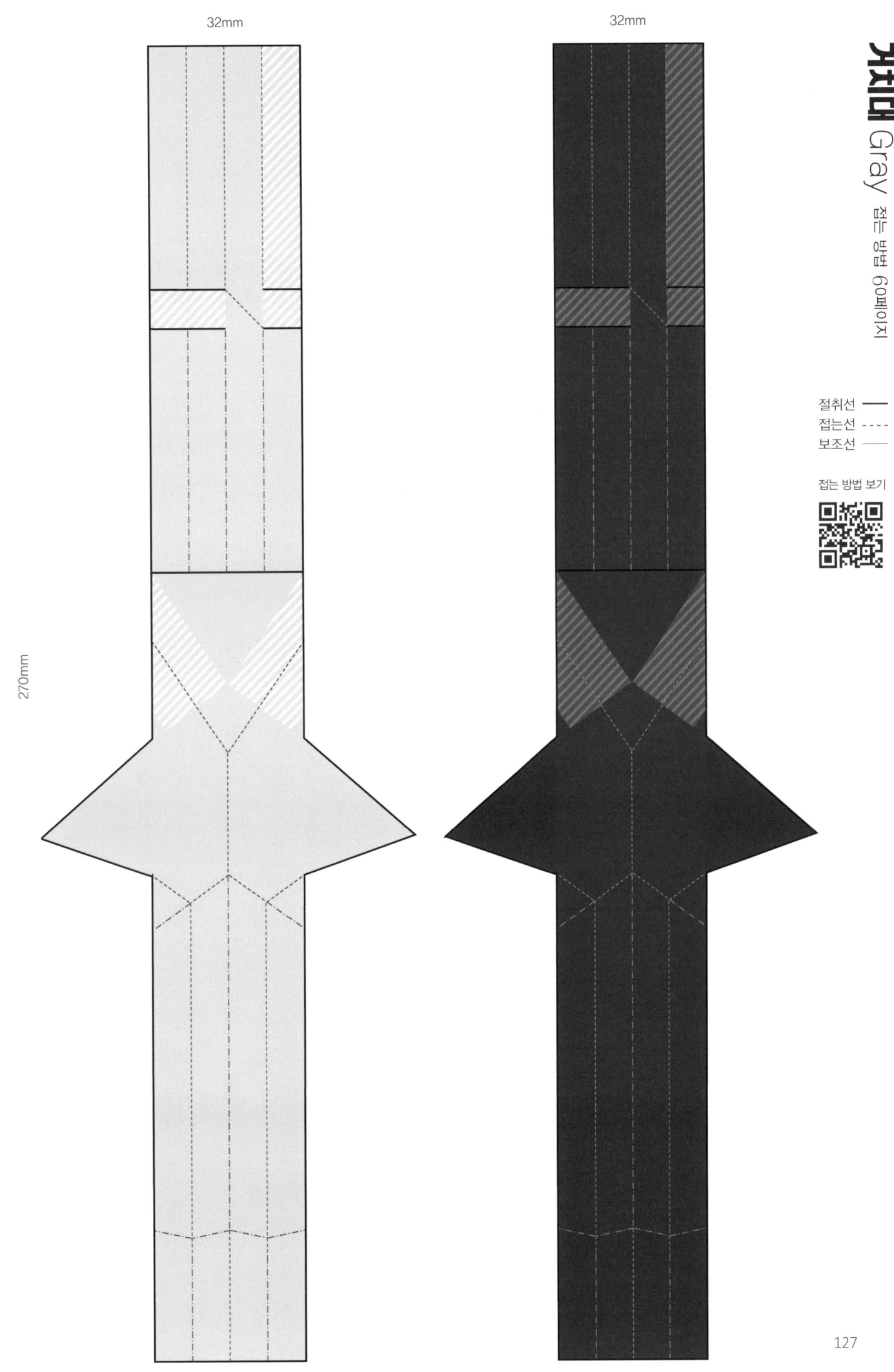

거치대 Gray 접는 방법 60페이지

절취선 ——
접는선 ----
보조선 ——

접는 방법 보기

270mm

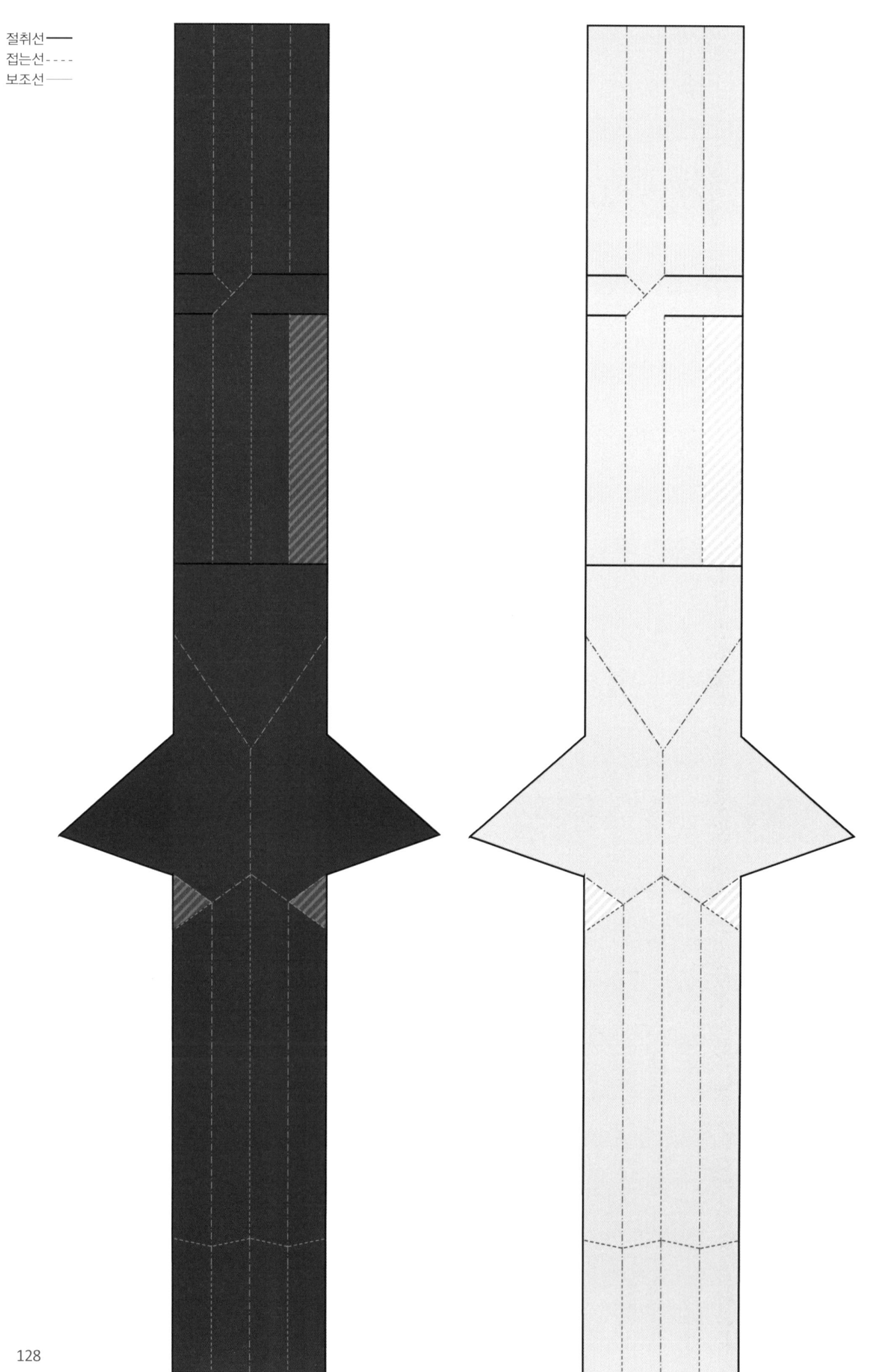